谁"拆"了我的汽车

透视发动机构造与原理

刘总监解车热线书系 ｜ 刘汉涛 编著

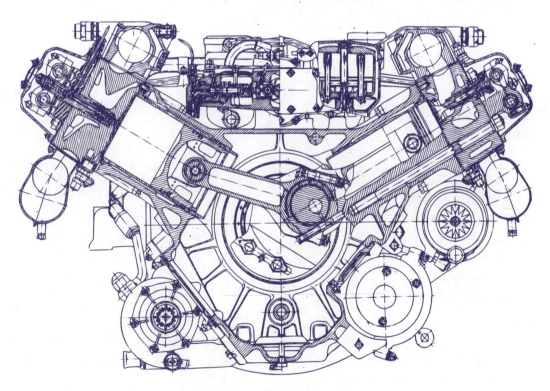

电子工业出版社.

Publishing House of Electronics Industry

北京·BEIJING

内 容 简 介

《谁"拆"了我的汽车：透视发动机构造与原理》是"刘总监解车热线书系"之一。本书是面向广大汽车爱好者、车主、驾驶人、汽车类专业学生、汽车技术人员及汽车维修人员的图册，书中以大量精美的图片为主，简单的文字介绍为辅，并在每张图片上都尽可能多地附加图注，目的是让您看完此书后能对发动机的构造与原理有基本概念和认识，以帮助您快速了解汽车发动机。

图书在版编目（CIP）数据

谁"拆"了我的汽车：透视发动机构造与原理 / 刘汉涛编著 . —北京：电子工业出版社，2017.6
（刘总监解车热线书系）

ISBN 978-7-121-31467-4

Ⅰ . ①谁… Ⅱ . ①刘… Ⅲ . ①汽车－发动机－构造－图解 ②汽车－发动机－理论－图解 Ⅳ . ① U464-64

中国版本图书馆 CIP 数据核字（2017）第 097449 号

策划编辑：管晓伟
责任编辑：管晓伟
特约编辑：李兴　等
印　　刷：中国电影出版社印刷厂
装　　订：中国电影出版社印刷厂
出版发行：电子工业出版社
　　　　　北京市海淀区万寿路 173 信箱　　邮编：100036
开　　本：787×1092　1/16　印张：9.25　字数：239 千字
版　　次：2017 年 6 月第 1 版
印　　次：2017 年 6 月第 1 次印刷
定　　价：49.90 元

凡所购买电子工业出版社图书有缺损问题，请向购买书店调换。若书店售缺，请与本社发行部联系，联系及邮购电话：（010）88254888，88258888。

质量投诉请发邮件至 zlts@phei.com.cn，盗版侵权举报请发邮件至 dbqq@phei.com.cn。

本书咨询联系方式：（010）88254460；guanphei@163.com；197238283@qq.com。

FOREWORD

　　在这个不谈点汽车技术都不好意思聊天的时代，汽车爱好者也需要学习和更新知识，对汽车应有更深层次的认识和了解。然而，对于汽车爱好者、大多数车主以及驾驶人来说，不可能也没有必要像工程技术人员那样精通汽车技术。编写此系列丛书，就是想用图画与文字相结合的方式来帮助您快速了解汽车。

　　以前，可能您对汽车构造与原理不是很关心，希望本系列丛书能引起您的兴趣，其分为四册：

　　1.《谁"拆"了我的汽车：透视发动机构造与原理》从发动机基础知识开始，详细介绍了曲柄连杆机构、配气机构、润滑系统、冷却系统、供给系统、起动系统和点火系统等。

　　2.《谁"拆"了我的汽车：透视底盘构造与原理》从底盘基础知识开始，详细介绍了传动系统、行驶系统、转向系统和制动系统等。

　　3.《谁"拆"了我的汽车：透视电气设备构造与原理》从电气基础知识开始，详细介绍了电源系统、起动系统、点火系统、照明及信号系统、仪表及报警系统、辅助电气系统、主动安全系统和被动安全系统等。

　　4.《谁"拆"了我的汽车：透视自动变速器构造与原理》从自动变速器基础知识开始，详细介绍了液力变矩器、油泵、齿轮变速机构、控制系统、阀体、油和冷却器、检验与试验和典型自动变速器等。

　　品读这四册图书，不仅可以帮助您快速了解汽车，而且可以让您在聊天中谈笑有风生。

刘汉涛

CONTENTS　　　目　录

第七章　起动系统 / 125

第八章　点火系统 / 132

第一章
认识发动机

发动机作为汽车上一个看得见摸得着的重要总成，它也像人一样，也是有"生命"之物，有体温、有血液、有呼吸系统、有消化系统、更有四肢。发动机像人一样，也有"个头"，个头大小不一样，导致力量也就千差万别，身大力不亏是对发动机个头最好的描述。

1-1

发动机有多少部件?

这个问题没有标准答案，一个发动机不可拆解的部件总数，根据其构造复杂程度不同，大概在 300 ~ 600 个之间。

V6-TFSI发动机

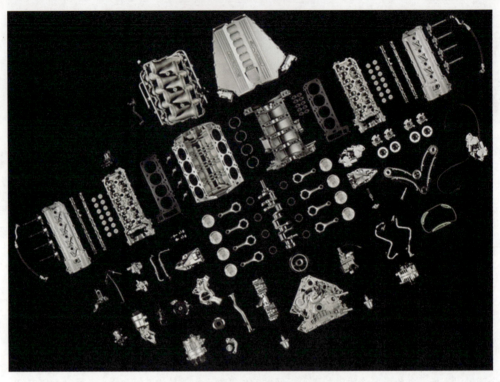

V8发动机部件分解示意图

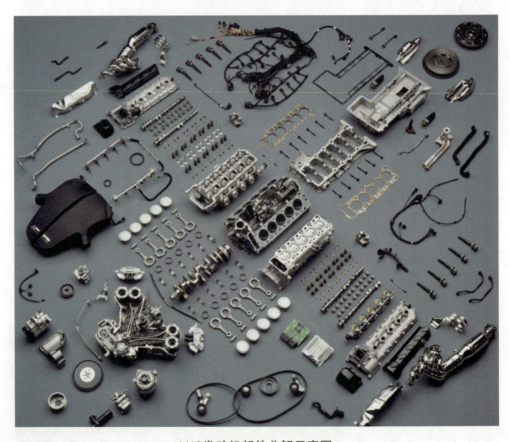

V10发动机部件分解示意图

1-2

发动机由哪几部分构成？

发动机主要由曲柄连杆机构、配气机构、润滑系统、冷却系统、供给系统、起动系统、点火系统七大部分构成。

曲柄连杆机构由气缸盖、气缸垫、气缸体、油底壳、活塞、活塞销、活塞环、连杆、曲轴和飞轮等组成。

配气机构由气门、气门座、气门弹簧、气门弹簧座、气门油封、气门导管、气门锁片、正时齿轮、凸轮轴、液压挺柱等组成。

润滑系统由机油泵、集滤器、机油滤清器等组成。

冷却系统由水泵、散热器、节温器、冷却风扇等组成。

供给系统由空气滤清器、空气流量计、节气门、进气歧管、汽油箱、汽油泵、汽油滤清器、喷油器、排气歧管等组成。

起动系统由蓄电池、起动继电器、起动机、控制电路等组成。

点火系统由蓄电池、点火开关、点火控制器、点火线圈、高压线、火花塞等组成。

发动机

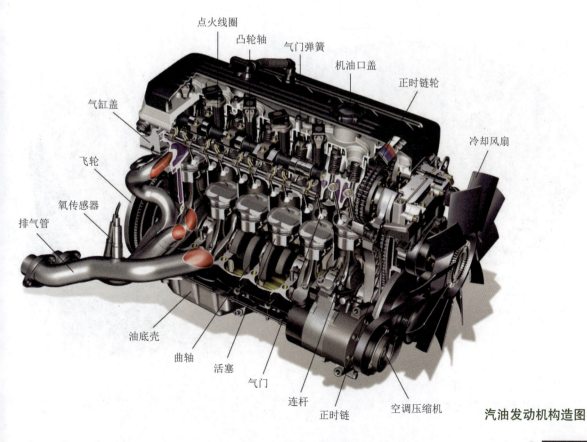

汽油发动机构造图

1-3

前置发动机有什么优势?

　　发动机放置在汽车前部,即放在前轴之前即为前置发动机。对于目前占主流的前轮驱动而言,前置发动机简化了变速器与驱动桥的结构,使变速器与驱动桥安装在一个壳体内,称为变速驱动桥。因此,发动机的动力直接传输到前轮上,省略了长长的传动轴,不但减少了功率传递损耗,也大大降低了底盘传动系统的复杂性和故障率。

　　另外,将发动机放置在驾驶人的前方,在正面撞车时,发动机可以保护驾驶人免受冲击,从而提高了汽车行驶时的被动安全性。

发动机

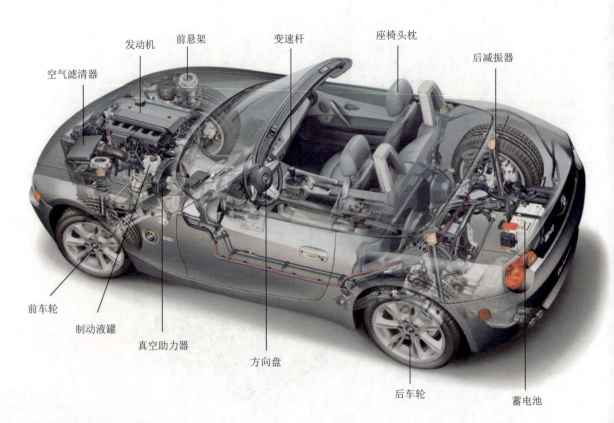

前置发动机安装位置示意图

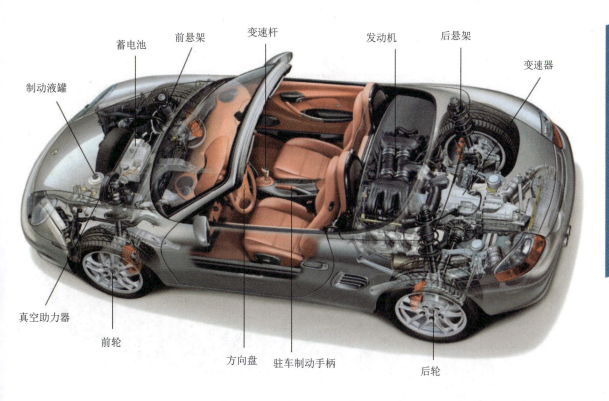

制动液罐　蓄电池　前悬架　变速杆　发动机　后悬架　变速器

真空助力器　前轮　方向盘　驻车制动手柄　后轮

中置发动机安装位置示意图

1-4

中置发动机能获得最佳运动性能吗?

发动机放置在前轴与后轴之间即为中置发动机。可以这么说，中置发动机的汽车肯定是后轮驱动或者四轮驱动。汽车在转弯时，汽车各个部分因为惯性作用都会向弯外移动，而发动机是汽车中质量最大的部分，所以，发动机因惯性而对车体的作用力对汽车在转弯中的转向有至关重要的影响。

中置发动机的特点就是将车辆中惯性最大的发动机置于汽车的中央，这是使汽车获得最佳运动性能的最主要保证，因为汽车的车体重量分布接近理想平衡。

一般来说，只有那些超级跑车或者讲究驾驶乐趣的跑车才采用中置发动机。

发动机

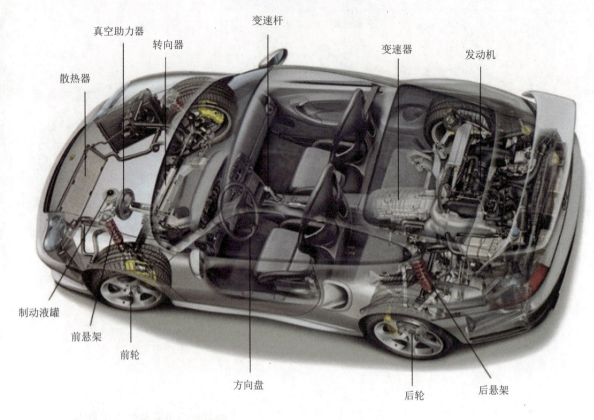

散热器
真空助力器
转向器
变速杆
变速器
发动机

制动液罐
前悬架
前轮
方向盘
后轮
后悬架

后置发动机安装位置示意图

1-5

什么是后置发动机?

　　发动机放置在后轴的后部即为后置发动机。可以这么说,将发动机放置在后轴的后部是最纯正的后置发动机,最具代表性的就是大客车,而后置发动机的乘用车屈指可数,最具代表性的就是保时捷911。

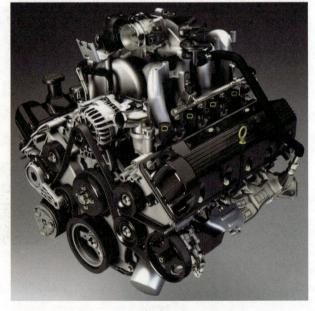

发动机

发动机

1-6

横置发动机是如何布置的?

横置发动机就是发动机和汽车的前轴平行。可以这么说，你站在车头前，打开发动机舱盖后面向发动机，如果发动机横着放在你的眼前，那就是横置发动机。

一般来说，前驱的紧凑型轿车、大多数的中级轿车和少数高级轿车都采用了横置发动机的布置方式。

横置发动机安装位置示意图

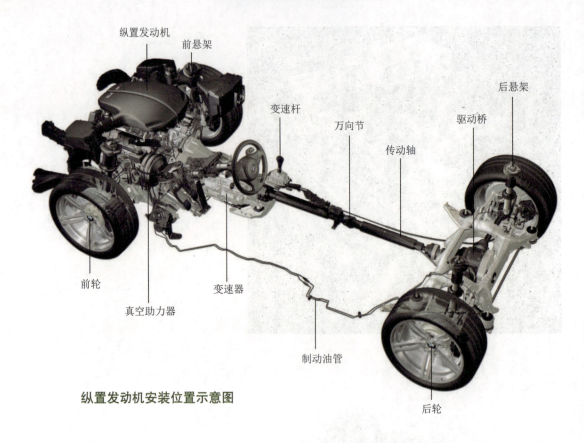

纵置发动机
前悬架
变速杆
万向节
后悬架
驱动桥
传动轴
前轮
真空助力器
变速器
制动油管
后轮

纵置发动机安装位置示意图

1-7

纵置发动机能降低能量损失吗?

　　纵置发动机就是发动机和汽车的前轴垂直。可以这么说,你站在车头前,打开发动机舱盖后面向发动机,如果发动机竖着放在你的眼前,那就是纵置发动机。

　　一般来说后轮驱动或者四轮驱动都采用纵置发动机,因为动力要传递到后驱动桥上,在传动距离无法缩短的情况下,就要尽可能地减少动力的方向转换。如果采用横置的话,因为曲轴和传动轴的方向垂直,所以先要转换一次方向以通过传动轴传输动力,但是传动轴的方向和后驱动桥的方向也是垂直的,所以在后驱动桥需要再将旋转方向转换过来,这无疑降低了传动系统的效率。而使用纵置发动机就可以使得曲轴与传动轴平行,减少了一次传动方向的转换,无疑降低了能量的损失。

发动机

1-8

什么是反置发动机？

　　"反置"是横置发动机的一种特殊布置方式，通常的横置发动机采用排气歧管在前，进气歧管在后的布置方式，简单地说就是"前出后进"。如果将进、排气歧管的位置调换，将进气歧管置于前端，排气歧管置于后部，变成"前进后出"，就是所谓的反置发动机了。

　　只有横置发动机才有"正反置"之说，纵置发动机进、排气歧管在左右两端，互换并没有什么差别，所以是没有这种说法的。

正置发动机示意图

反置发动机示意图

1-9

反置发动机有什么优势?

反置发动机的优势在于进气歧管处在迎风面，能够更好地降低进气温度，温度的下降使空气密度提高，单位体积内的氧含量也随之提升，能够使燃烧更加充分，提高效率，有效地降低油耗。对于缸外喷射的发动机而言，反置式的布置使得供油管路也随进气歧管移到了前方，有更好的散热效果。而排气歧管后移的设计，使排气歧管不再经过发动机下方，可以使发动机位置整体下移，有效降低重心，提升操控表现，并且排气管与发动机距离更远，降低了散热系统的热负荷，也避免了高温尾气对油底壳的影响。

1-10

发动机的动力是如何产生的?

发动机是汽车的动力源，人们形象地将其比喻为汽车的 "心脏"。汽车运行中所需的动力首先是由发动机产生的。那么，发动机的动力又是如何产生的呢? 气缸内的 "爆炸力"!

在密封气缸的燃烧室内，火花塞将可燃混合气在合适的时刻点燃，就会产生一个巨大的爆炸力，而燃烧室的顶部是固定的，巨大的压力迫使活塞向下运动，通过连杆把力传给曲轴，最终转化为曲轴的旋转运动，再通过飞轮、变速器和传动轴等，把动力传递到驱动轮上，从而推动或拉动汽车前进。

进气凸轮轴
喷油器
气门导管
进气门
气门座
活塞环
活塞销

排气凸轮轴
挺柱
气门弹簧
火花塞
排气门
燃烧室
活塞

汽油在气缸内燃烧示意图

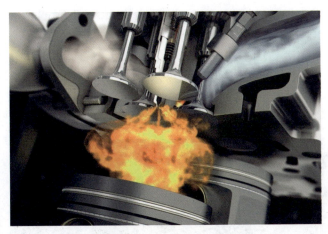

汽油在气缸内燃烧示意图

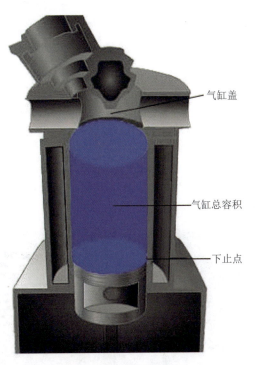

气缸盖

气缸总容积

下止点

气缸总容积示意图

1-11

压缩比决定发动机"喝"什么油吗？

　　我的车应该加注什么标号的燃油呢？很多朋友会轻易地给出答案：看发动机的压缩比呗，压缩比越高，所要求的燃油标号就越高，这个论断对于以前的化油器车型来讲确实是这样的。

　　但随着电喷系统（包括多点顺序喷射、稀薄燃烧等技术）的普及，今天再单纯地看压缩比的方法判断所需燃油的标号已经不那么准确了。如飞度1.3L发动机和标致2.0L发动机的压缩比都超过了10.0，但仍然只需要加注92号汽油。因为稀薄燃烧、涡轮增压等技术的应用都会改变发动机对燃油标号的要求。

　　对于消费者来说，认真遵循厂家说明书中的建议来加注燃油是最稳妥、最正确的做法。因为加注低于发动机要求标号的燃油会导致爆燃，而加注高于标号的燃油是一种浪费。

　　从右面两图中可以看出气缸总容积等于燃烧室容积与气缸工作容积之和，我们所说的压缩比就是气缸总容积与燃烧室容积的比值，其结果是一个具体的数字。

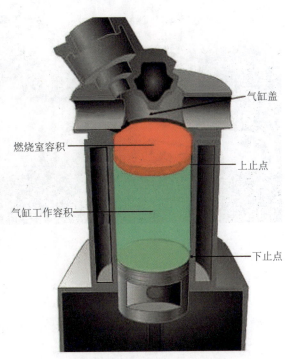

气缸盖

燃烧室容积

上止点

气缸工作容积

下止点

燃烧室容积和气缸工作容积示意图

1-12

大排量能输出大功率吗?

　　发动机排量是最常见的一个发动机参数。发动机排量是发动机各个气缸工作容积的总和,一般用升(L)表示,比如我们在汽车尾部看到的 1.8L、2.4L 等。而气缸工作容积是指活塞从一个止点移动到另一个止点所扫过的容积,又称为单缸排量,它取决于气缸的直径和活塞的行程。

　　发动机排量是非常重要的发动机参数,它比缸径和缸数更能代表发动机的大小,发动机的许多指标都同排量密切相关。一般来说,发动机排量越大,输出功率就越大。

发动机

1-13

四冲程发动机是如何工作的?

　　活塞在气缸内往复运动四次（两上两下）,也就是曲轴旋转 720°（两周）完成一个工作循环（包括进气行程、压缩行程、做功行程和排气行程）的发动机,称为四冲程发动机。如果活塞在气缸内往复运动两次（一上一下）,即曲轴旋转 360° 就能完成这四个行程,则称为二冲程发动机。

那么，四冲程发动机是如何工作的呢？

（1）进气行程

进气行程中，进气门打开，排气门关闭，转动的曲轴带动活塞从上止点向下止点运动，气缸内容积增大，压力降低而形成真空，将可燃混合气吸入气缸。由于进气系统的阻力，进气终了时缸内气体的压力略低于大气压力，约为75～90kPa，温度约为370～440K。

（2）压缩行程

为使吸入缸内的混合气迅速燃烧，放出更多的热量，从而使发动机发出更大的功率，必须在混合气燃烧前对其进行压缩，使其容积变小、温度升高。为此，在进气终了时便立即进入压缩行程。在此行程中，进、排气门均关闭，曲轴推动活塞由下止点向上止点运动。在压缩终了时，气缸内的压力高达600～1200kPa，温度可达600～700K。

（3）做功行程

在压缩行程终了时，火花塞产生电火花点燃混合气。此时，进、排气门仍关闭。由于混合气的迅速燃烧，使缸内气体的温度和压力迅速升高，最高压力可达5000～9000kPa，最高温度可达2200～2800K。在高温高压气体的作用下，活塞从上止点向下止点运动，活塞的下移通过连杆使曲轴旋转，产生转矩而做功。发动机至此完成了一次将热能转变为机械能的过程。在做功行程终了时，压力降为300～500kPa，温度降为1300～1600K。

（4）排气行程

可燃混合气燃烧后成为废气，应从气缸内排出，以便下一个工作循环得以进行。因此，当做功行程接近终了时，排气门开启，进气门仍关闭，因废气压力高于大气压力而自动排出。此外，当活塞越过下止点上移时，还靠活塞的推挤作用强制排气。活塞到上止点附近时，排气行程结束。

这四个行程周而复始，一直循环下去，发动机的动力就会源源不断，最终使汽车能够行驶。

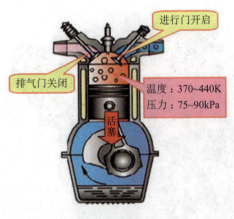

进气行程

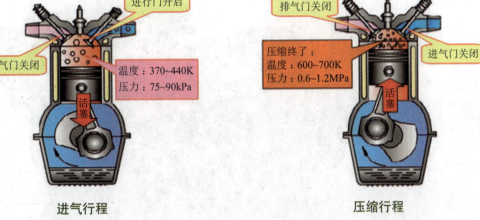

压缩行程

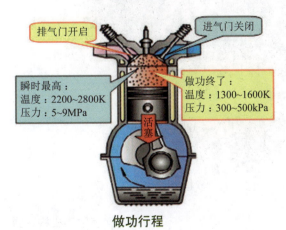

做功行程

排气行程

1-14

L 型发动机使用得最广泛吗?

　　L 型发动机又称"直列"（Line Engine）发动机，这种布局的发动机的所有气缸均是按同一角度并排成一个平面，并且只使用了一个气缸盖，同时其缸体和曲轴的结构也相对简单，好比气缸们站成了一列纵队。

　　"直列"一般用 L 代表，后面加上气缸数就是发动机代号，现代汽车上主要有 L4、L5、L6 型发动机。L 型发动机的优势在于尺寸紧凑，稳定性高，低速转矩特性好并且燃料消耗也较少，当然也意味着制造成本更低。同时，采用直列式气缸布局的发动机结构也比较紧凑，可以适应更灵活的布局。

　　L 型布局是如今使用最为广泛的气缸排列形式，尤其是在 2.5L 以下排量的发动机上。

L4型发动机气缸体

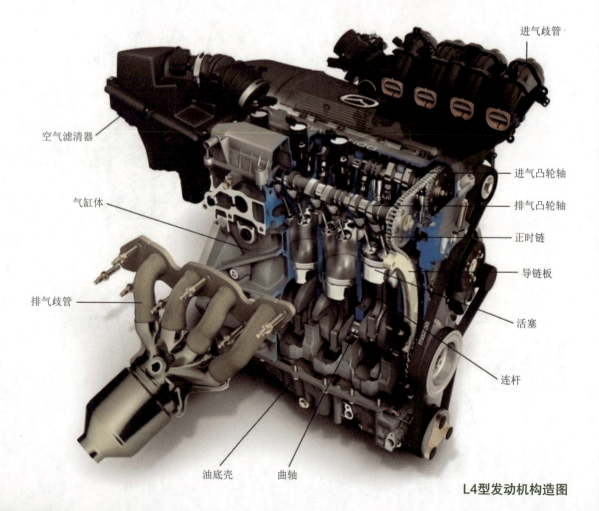

进气歧管

空气滤清器

气缸体

排气歧管

进气凸轮轴

排气凸轮轴

正时链

导链板

活塞

连杆

油底壳　　曲轴

L4型发动机构造图

1-15

什么是 V 形发动机?

　　V 形发动机就是将所有气缸分成两组,把相邻气缸以一定夹角布置在一起,使两组气缸形成有一个夹角的平面,从侧面看气缸成 V 字形,故称 V 形发动机。

　　V 形发动机将气缸分成两排后"打斜"安放,也就缩小了发动机的高度和长度,在汽车上布置起来较为方便。尤其是现代汽车比较重视空气动力学,要求汽车的迎风面越小越好,也就是要求发动机舱盖越低越好。

　　由于气缸之间已相互错开布置,因此,在气缸之间有较大的空间,这样便于通过扩大缸径来提高排量和功率,并且适合于较高的气缸数。另外,V 形发动机的气缸均成一个角度对向布置,还可以抵消一部分振动,使发动机运转更为平顺。比如一些追求舒适平顺驾乘感受的中高级车型,还是在坚持使用大排量 V 形发动机,而不使用技术更先进的"小排量 L 型发动机 + 增压器"的动力组合。

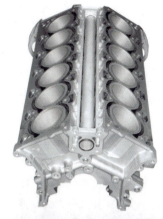

V12形发动机
气缸体

V 形发动机

推杆　液压挺柱　凸轮轴　节气门　发电机

机油尺

摇臂

高压线

排气歧管

气门

气门弹簧

活塞

气门让坑　正时链　曲轴

V8形发动机构造图

1-16

W 形发动机是主流吗？

　　许多人以为就像 V 形发动机的气缸呈 V 字形排列那样，W 形发动机的气缸排列形式也一定是呈 W 形，其实则不然，它只是近似 W 形排列，严格来说还应属于 V 形发动机，至少是 V 形发动机的一个变种。

　　W 形发动机是德国大众专属的发动机技术，其气缸排列形式是由两个小 V 形组成一个大 W 形，两组 V 形发动机共用一根曲轴。

　　W 形与 V 形发动机相比可将发动机做得更短一些，曲轴也可短些，这样就能节省发动机所占的空间，同时还可以容纳更多的气缸数，拥有更大的排量。而 W 形发动机的缺点也比较明显，其过大的宽度使得发动机舱更满，并且其运转平衡性一般，以及由于专利的原因，这种发动机只在大众和奥迪等少量车上可以见到。

　　现有四种 W 形发动机：W8、W12、W16 和 W18。

W形发动机曲柄连杆机构示意图

W形发动机曲柄连杆机构示意图

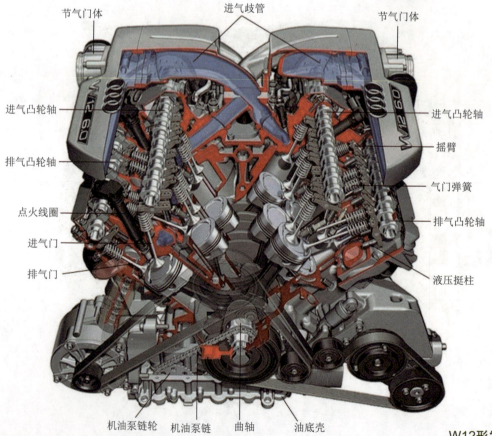

节气门体　进气歧管　节气门体　进气凸轮轴　进气凸轮轴　摇臂　排气凸轮轴　气门弹簧　点火线圈　排气凸轮轴　进气门　排气门　液压挺柱　机油泵链轮　机油泵链　曲轴　油底壳

W12形发动机构造图

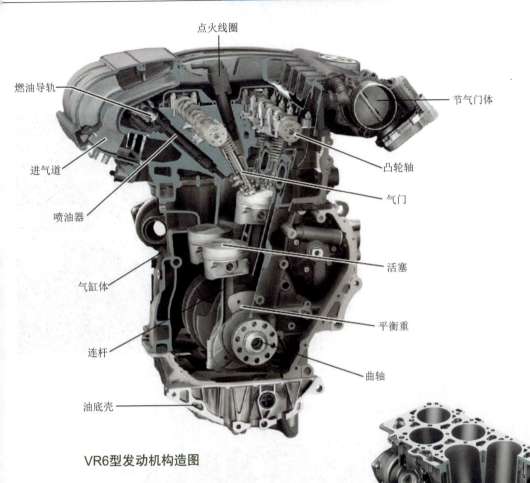

点火线圈

燃油导轨

进气道

喷油器

气缸体

连杆

油底壳

节气门体

凸轮轴

气门

活塞

平衡重

曲轴

VR6型发动机构造图

1-17

VR 型发动机什么样?

　　V 形发动机的气缸夹角一般为 60° ~ 90°，并且使用两个气缸盖，这样占用的空间很大，所以，科研技术人员研究出了 VR 型发动机，其气缸夹角仅为 15°，而且只使用了一个气缸盖，堪称汽车动力系统里的一朵奇葩。其特殊的结构形式可以称其为二分之一 W 形发动机。

　　VR 型发动机的气缸夹角非常小，两列气缸接近平行，气缸盖上的火花塞座孔几乎并在一条直线上。VR 型发动机的特点就是体积特别小，所以，非常适用于大众车系的前置发动机平台。VR 型发动机非常紧凑，虽然是 V 形机，但由于两列气缸离得很近，所以，只需要一个气缸盖就可以搞定，比V 形发动机成本要低很多。

**VR6型发动机
气缸排列示意图**

磨合镀层

连杆

活塞凹坑

**VR6型发动机
曲柄连杆机构示意图**

1-18

什么是拳击手发动机？

如果将直列发动机看成是夹角为 0 度的 V 形发动机，那么，当两排气缸的夹角扩大为 180 度时，那就是水平对置发动机了。水平对置发动机的气缸呈水平对置排列，就像是拳击手在搏斗，活塞就是拳击手的拳头（当然拳头可以不止两个），你来我往，毫不示弱。水平对置发动机的英文（Boxer Engine）意思就是"拳击手发动机"，可简称为 B 型发动机，如 B4、B6，分别代表水平对置 4 缸和 6 缸发动机。

由于水平对置发动机的制造成本和工艺难度相当高，所以，目前世界上只有德国保时捷和日本斯巴鲁两个厂商在使用。

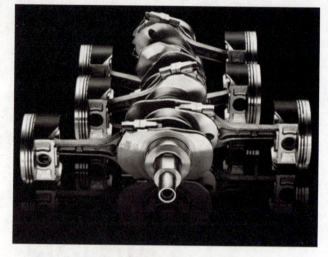

水平对置发动机曲柄连杆机构示意图

喷油器

凸轮轴

点火线圈

液压挺柱

气门弹簧

气门

进气歧管

曲轴

节气门体

活塞

B6型发动机构造图

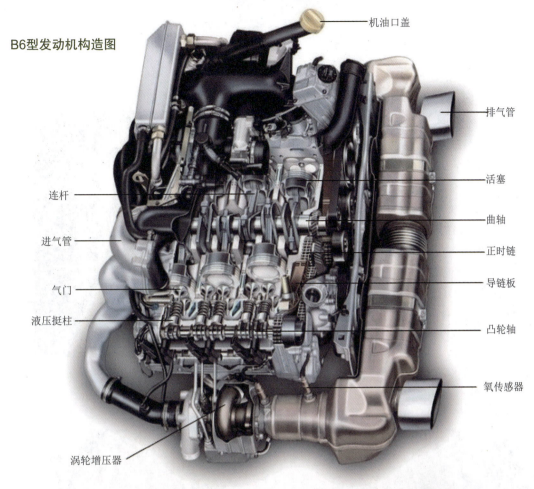

B6型发动机构造图

机油口盖

排气管

活塞

曲轴

正时链

导链板

凸轮轴

氧传感器

连杆

进气管

气门

液压挺柱

涡轮增压器

1-19

拳击手发动机有什么优势？

　　水平对置发动机的重心低。由于它的气缸为"平放"，而不是像 V 形或 L 型发动机那样"斜放"或"立放"，因此，降低了汽车重心，同时又能让车头设计得又扁又低，这两个因素都能增强汽车的行驶稳定性。

　　由于水平对置发动机本身就左右对称，因此，它可使变速器等放置在车身正中，让汽车左右重量对称，而不会像大多数汽车那样重心偏向一侧。

　　水平对置发动机的动力输出轴方向与传动轴方向一致，因此，不需要改变动力传递方向或利用齿轮传动，而是可以直接与离合器、变速器对接，动力传递效率较高，使汽车的起跑和加速更迅猛。

水平对置发动机曲柄连杆机构示意图

　　水平对置发动机具有上述的诸多优势，那为什么其他厂商没有研制水平对置发动机呢？除了因为水平对置结构较为复杂外，还有如机油润滑等问题很难解决。横置的气缸因为重力的原因，会使机油流到下部，使一边气缸得不到充分的润滑。显然，保时捷和斯巴鲁都很好地解决了众多技术难题。

1-20

转子发动机是如何工作的？

　　转子发动机最早是德国科学家汪克尔发明的，所以又叫汪克尔发动机。转子发动机全称为三角活塞转子发动机，它是一种特殊的活塞式发动机。

　　转子活塞为一个凸弧边三角形，当转子在近似椭圆的外旋轮线缸体内旋转时，弧边三角形的三个顶点与缸壁保持接触，从而使转子弧面同缸壁之间形成三个相互分隔的工作室。这三个工作室的容积大小随转子的转动而周期性变化，转子每旋转一周能完成一次四个行程的过程，这四个行程同活塞往复式发动机的四个行程相对应，从而形成完整的工作循环。

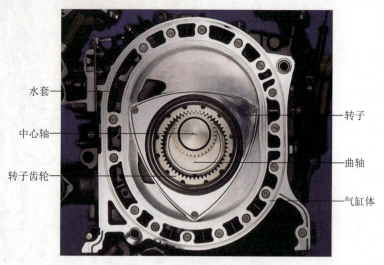

水套　中心轴　转子齿轮　转子　曲轴　气缸体

转子发动机构造图

进气行程

压缩行程

做功行程

排气行程

1-21

转子发动机有什么优势?

与传统的活塞往复式发动机相比，转子发动机有以下几个突出优点。

1）运动零件更少。双转子发动机主要有三个运动零件：两个转子和一个输出轴。而最简单的四缸往复活塞式发动机也至少有 40 个运动零件，包括凸轮轴、气门、气门弹簧、气门座、活塞、活塞销、连杆、挺柱、摇臂、正时带、曲轴等。

2）动力输出更顺畅。因为每次燃烧可使转子旋转 90 度，并且转子每旋转一周，输出轴将旋转三周，所以，每次燃烧可使输出轴旋转 270 度。这意味着单转子发动机的一次燃烧可为输出轴的四分之三的旋转提供动力。而单缸活塞式发动机完成一次燃烧需要曲轴（输出轴）旋转两周，且燃烧使曲轴旋转 180 度，也就是说，曲轴每次旋转只有四分之一能获得动力。

3）更缓慢。由于转子的旋转速度是输出轴的三分之一，因而发动机的主要运动零件的运动速度比活塞式发动机要慢得多，这也有利于提高可靠性。

往复活塞式发动机透视图

转子发动机分解图

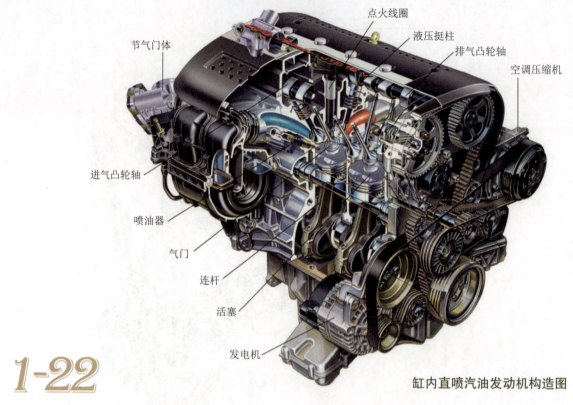

点火线圈
液压挺柱
排气凸轮轴
空调压缩机
节气门体
进气凸轮轴
喷油器
气门
连杆
活塞
发电机

缸内直喷汽油发动机构造图

1-22

什么是 TDI、SDI、FSI、TSI？

TDI 是英文 Turbo Diesel Injection 的英文缩写，直接翻译就是涡轮增压柴油喷射发动机，也就是我们平时所说的增压柴油发动机。

SDI 是 Suction Diesel Injection 的英文首字母缩写，直接翻译就是自然吸气柴油喷射发动机，也就是我们平时所说的自然吸气柴油发动机。

TDI 和 SDI 都是指柴油发动机。

为了实现汽油直接喷射，喷油器的位置由原来的进气歧管处直接安在了气缸盖上，即燃烧室的上方，喷油器将汽油喷射时间控制在几千分之一秒内。汽油直喷技术最显著的优点是在提供更大的输出功率和转矩的同时，提高了燃油经济性并且减少了排放，其主要有 FSI 发动机和 TSI 发动机两种。

FSI 是 Fuel Stratified Injection 的英文缩写，直接翻译就是燃油分层喷射，也就是自然吸气缸内直喷汽油发动机。

TSI 是 Turbo Stratified Injection 的英文首字母缩写，直接翻译就是增压分层喷射，也就是增压缸内直喷汽油发动机。

V6-FSI发动机

1-23

DOHC-16V 是什么意思？

一般发动机的凸轮轴安装位置有顶置、中置和下置三种形式。其中，顶置凸轮轴的英文全称为 Overhead Camshaft，简称 OHC。顶置凸轮轴是将凸轮轴放置在气缸盖内，直接推动摇臂或挺柱，不必通过较长的推杆。

其中，按照配气机构内包含的凸轮轴数目，顶置凸轮轴可分为以下两种形式：

SOHC–Single Overhead Camshaft，单顶置凸轮轴，即气缸盖内只有一根凸轮轴同时负责进、排气门的开、关。

DOHC–Double Overhead Camshaft，双顶置凸轮轴，即气缸盖内有两根凸轮轴，分别负责进、排气门的开、关。

气门的英文为 Valve，简称为 V，如果一个气缸包含 4 个气门，就可表示为 4V，则四缸发动机一共就是 16 个气门，在汽车资料或发动机舱气门室罩盖上经常看到的"16V"就表示发动机共有 16 个气门。

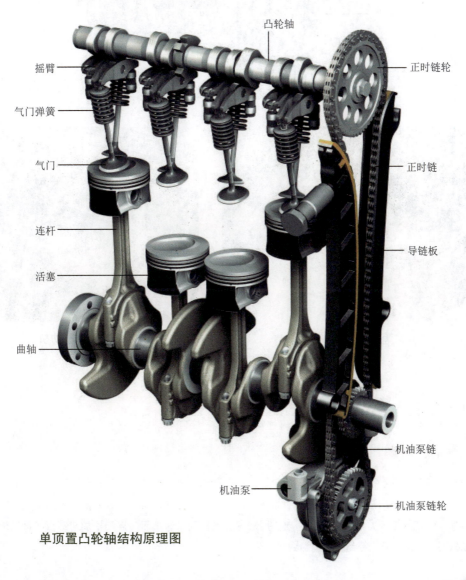

单顶置凸轮轴结构原理图

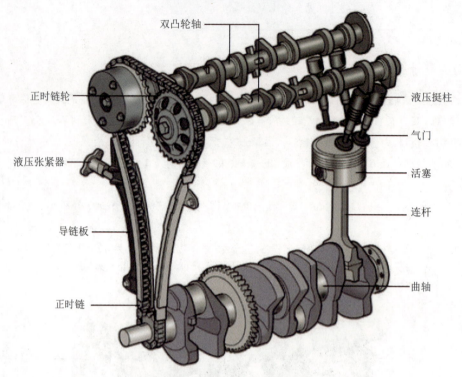

双凸轮轴

正时链轮

液压张紧器

导链板

正时链

液压挺柱

气门

活塞

连杆

曲轴

双顶置凸轮轴结构原理图

16V发动机

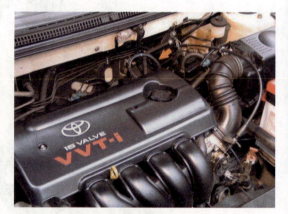

16V发动机

1-24

什么是发动机制动?

    在汽车上所产生的制动包括四种：行车制动、驻车制动、排气制动和发动机制动。所谓发动机制动是驾驶行为的一种术语，它是把汽车行驶的水平动能传给离合器或液力变矩器，使离合器或液力变矩器旋转必强行带动曲轴旋转，促使气缸压力对滑行产生制动作用来有效地控制车速。而降挡和松加速踏板两种措施都可以达到利用发动机制动作用来有效控制车速的目的。

松加速踏板法：一般主要运用在高速公路行驶的状况下，即行驶速度较高时，如发现前方车流较大，需提前减速或避让，这时可采取此方式。其优点是可以避免频繁地换挡，降低驾驶人疲劳强度，节约燃油，提高车辆的经济性。

降挡法：指在下陡坡或连续下坡时将车辆换入一个较低的挡，以此来控制车速的驾驶方式。

发动机制动效果图

1-25

汽油机与柴油机有什么区别？

首先，汽油机和柴油机的相同点为：都是内燃机，都有曲柄连杆机构和配气机构，以及润滑系统、冷却系统、供给系统、起动系统。其不同点为：

1）燃料不同。汽油机烧汽油；柴油机烧柴油。

2）点火方式不同。柴油机无点火系统，是靠活塞做功压燃；汽油机有点火系统，是靠火花塞点燃。

3）气缸供气不同。柴油机向气缸提供的是纯空气；汽油机向气缸提供的是可燃混合气。

4）压缩比不同。柴油机压燃，压缩比大；汽油机点燃，压缩比小。

5）噪声不同。同排量的柴油机比汽油机噪声大。

汽油发动机

发动机下护板

发动机下护板的安装位置

1-26

需要安装发动机下护板吗?

　　安装发动机下护板的好处是防止路面上崩起的石子损坏发动机底部,主要是保护油底壳。其坏处是增加车重,影响散热,降低车辆的路面通过性,如果装配不好还会产生噪声。

　　如果您的车辆只在市里开就不需要安装,如果经常要跑郊区或石子、颠簸路面,发动机下护板能起到保护作用。如果装了下护板的话,螺钉千万要上好拧紧。

发动机下护板

1-27

发动机有哪些特有技术？

现在发动机技术突飞猛进，很多厂商都拥有自己的独特技术，例如，可变气门正时、可变发动机排量、可变进气歧管、燃油缸内直喷、燃油分层燃烧等，这些技术均可达到提升发动机性能的目的。

发动机

可变正时链轮

正时链

导链板

曲轴带轮

油底壳

液压挺柱

气门

活塞

连杆

可变气门正时发动机构造图

1-28

发动机有几种工作方式?

发动机的工作方式是指这款发动机的特征,可分为自然吸气、涡轮增压、机械增压和双增压四种。

自然吸气就是利用活塞下行产生的负压来自主把空气吸入发动机。

涡轮增压是利用排气的废气推动涡轮,强制性地把空气压入气缸。

机械增压是发动机直接输出一个传动轴连通增压器,强制性地把空气压入气缸。

双增压就是含有两种增压形式的发动机。

汽油发动机

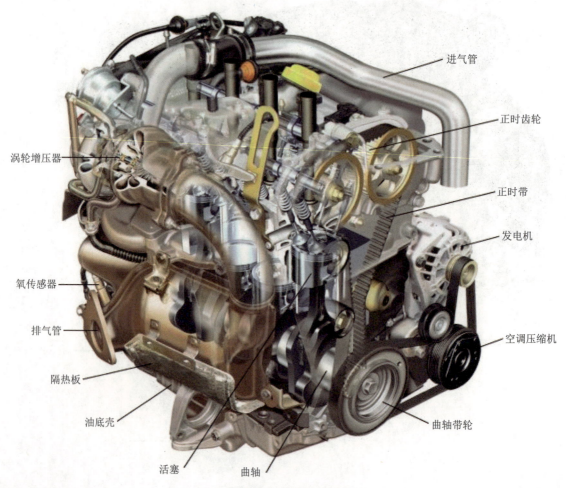

进气管

正时齿轮

正时带

发电机

空调压缩机

曲轴带轮

涡轮增压器

氧传感器

排气管

隔热板

油底壳

活塞

曲轴

涡轮增压发动机构造图

1-29

什么是 OBD？

　　OBD 的全称为 On-Board Diagnostics，简称 OBD，中文翻译为"随车自诊断系统"。这个系统随时监测发动机电控系统的工作状况，并从发动机的运行状况随时监控汽车的尾气是否超标，一旦电控系统元件有故障或尾气超标，会马上发出警示。当系统出现故障时，仪表板内的故障警告灯（MIL）点亮，同时系统 ECU（电控单元）将故障信息存入存储器，通过相应的诊断仪器可将其存入的故障信息读出来。根据故障信息的提示，维修人员能迅速准确地确定故障的性质和部位。

空调滤清器

1-30

发动机的四滤是什么？

　　发动机有空气、机油、燃油三种滤清器，车内有空调滤清器，一般称为四滤。它们分别担负发动机空气系统、润滑系统和燃油供给系统中介质的过滤。

　　空调滤清器俗称花粉滤清器，其作用是过滤从外界进入车厢内部的空气，从而使空气的洁净度提高，保护车内人员的身体健康。

　　机油滤清器的作用是对来自油底壳的机油中有害杂质进行滤除，以洁净的机油供给曲轴、连杆、凸轮轴、活塞等运动部位，起到润滑、清洗、冷却、密封、防锈蚀等作用，从而延长发动机的使用寿命。

　　燃油滤清器的作用是为发动机提供清洁的燃油，过滤掉燃油中的杂质及水分，从而使发动机性能达到最优，同时也为发动机提供了最佳保护。

　　空气滤清器的作用是滤除空气中的灰尘、颗粒，保证气缸中进入足量、清洁的空气。

机油滤清器

汽油滤清器

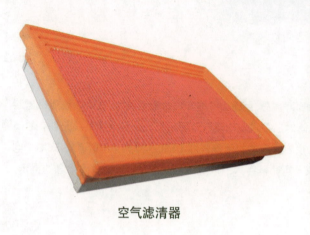

空气滤清器

空气滤清器

1-31

什么是内部废气再循环？

发动机的内部废气再循环是通过气门重叠角实现的。那么，首先我们来了解一下什么是气门重叠。在进、排气行程中，由于进气门提前开启、排气门迟后关闭而存在进、排气门同时开启的现象，称为气门重叠。进气门提前开启，以增加空气进气量；而排气门迟后关闭，以尽量排出气缸内的残余废气。通过合适的气门重叠角就可实现发动机内部废气再循环。

内部废气再循环可以降低氮氧化合物（NOx）的生成量。与外部废气再循环一样，氮氧化合物（NOx）生成量的减少也是通过引入废气来降低燃烧温度的方法实现的。

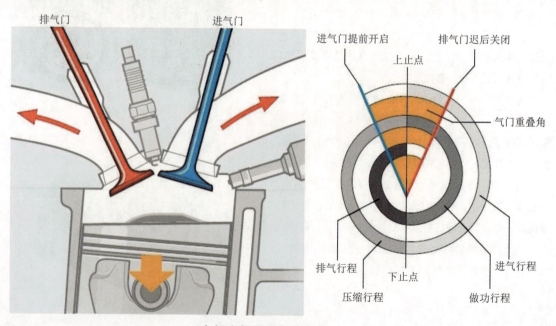

内部废气再循环原理图

那么，内部废气再循环是如何工作的呢？在排气行程中，进气门和排气门同时开启，于是借助于进气歧管产生的较高的真空度，燃烧室中一部分已经燃烧过的气体就又被吸入到进气道内，在下个进气行程会被吸入燃烧室再次参加燃烧。

外部废气再循环通过催化转换器上的一根连接管来抽取废气后，通过再循环阀导入发动机燃烧室内参加燃烧，用以降低最高燃烧温度，从而减少氮氧化合物（NOx）的生产量。

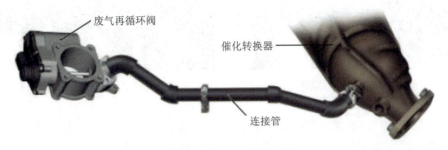

外部废气再循环构造原理图

1-32

可变排量发动机是如何工作的？

通常为了获得较大的动力，就得将发动机的排量增大，如8缸、12缸发动机的动力就非常强劲，但付出的代价就是油耗增加。尤其是在不需要大动力输出时，燃油就白白浪费掉了，而发动机的可变排量就可以很好地解决这个问题。

可变排量就是根据工况需要而改变参加工作的气缸数量。那么，发动机怎么来实现排量的改变呢？简单地说，就是通过控制进气门和油路来开启或关闭某个气缸的工作状态。比如一台四缸可变排量发动机，可以根据实际工况需要，实现2缸、4缸两种工作模式，以降低油耗，提高燃油的经济性。

本田公司研发的可变气缸管理技术 VCM 的英文全称为 Variable Cylinder Management，它可通过关闭个别气缸的方法，使3.5L–V6发动机可在3缸、4缸、6缸三种工作模式之间变化，使得发动机排量也能在1.75 ~ 3.5L之间变化，从而大大节省燃油。

如大众 TSI EA211 发动机采用了可变排量（气缸关闭）技术，主要是通过电磁控制器和安装在凸轮轴上的螺旋沟槽套筒来实现气门的关闭与开启。

本田可变排量发动机

可变排量发动机气缸变化示意图

可变排量发动机原理示意图

可变排量发动机原理示意图

如图所示,当探针伸入蓝色螺旋沟槽时,则套筒向左移动,使零角度的凸轮与摇臂接触,该缸气门停止工作。发动机的两个气缸停止工作。

如图所示,当探针伸入绿色螺旋沟槽时,则套筒向右移动,使具有一定角度的凸轮与摇臂接触,该缸气门正常工作。发动机的四个气缸全部工作。

1-33

为什么要进行二次空气喷射?

自从世界上第一个车辆排气污染控制标准实施以来,二次空气喷射系统已经被广泛地应用在汽车上,它实际上就是一种尾气排放控制实用技术,用以减少排气中碳氢化合物(HC)和一氧化碳(CO)的排放量。而且实践也已证明,二次空气喷射系统在汽、柴油发动机上都能取得良好的效果。

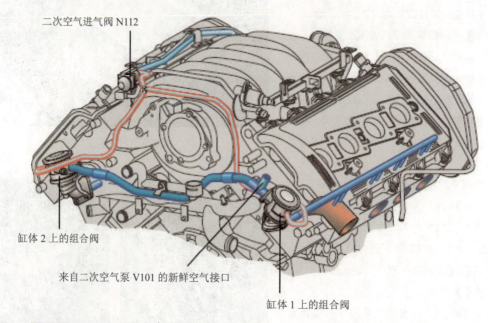

二次空气进气阀 N112

缸体 2 上的组合阀

来自二次空气泵 V101 的新鲜空气接口

缸体 1 上的组合阀

来自发动机的真空
来自二次空气泵 V101 的新鲜空气
来自二次空气进气阀 N112 的真空压力或大气压力

二次空气喷射系统结构图

在发动机冷起动阶段，HC 和 CO 等有害物质排放相对较高，并且此时三元催化转换器尚未达到工作温度（300度以上），因此，二次空气喷射主要是在冷起动阶段工作。在冷起动及怠速初始阶段，二次空气喷射系统工作，发动机控制单元 J220 控制二次空气泵继电器 J299 及二次空气进气阀 N112 同时启动，则二次空气泵 V101 将新鲜空气泵入到组合阀 A 和 B。与此同时，来自二次空气进气阀 N112 的真空压力将组合阀 A 和 B 打开，则从二次空气泵 V101 到缸盖的二次空气进气道之间的空气通路就被打开了，新鲜空气被送入到排气门的后部，这样，就可以增加废气中

氧气的浓度，于是，碳氢化合物 HC 和一氧化碳 CO 就会再次燃烧。这个燃烧过程既帮助加热了三元催化转换器，使得三元催化转换器更快地达到工作温度，又降低了空气污染物的排放，可谓"一箭双雕"。

冷起动后，发动机以怠速转速运行约 60～90 秒，发动机控制单元 J220 控制二次空气泵继电器 J299 及二次空气进气阀 N112 同时断电，来自二次空气进气阀 N112 的大气压力将组合阀 A 和 B 关闭，则从二次空气泵 V101 到缸盖的二次空气进气道之间的空气通路就被关闭了，从而可防止热的废气进入并损坏二次空气泵，二次空气喷射系统停止工作。

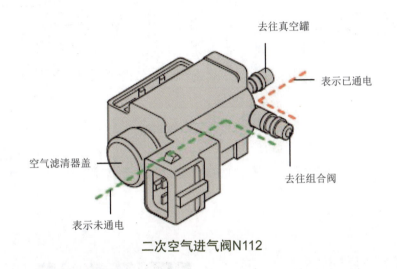

二次空气进气阀N112

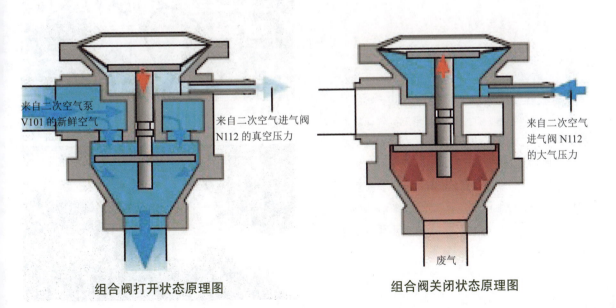

组合阀打开状态原理图　　组合阀关闭状态原理图

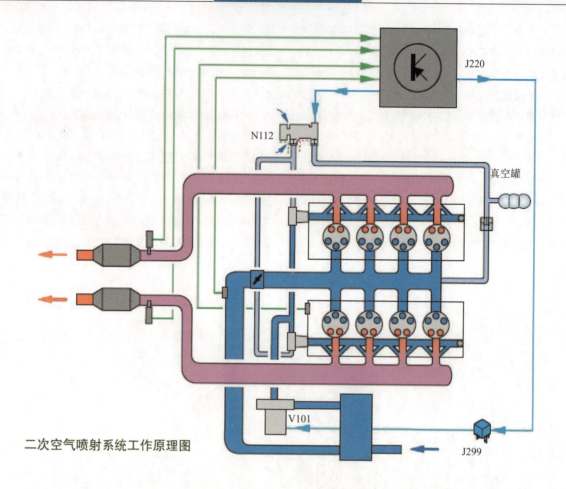

N112

J220

真空罐

V101

J299

二次空气喷射系统工作原理图

1-34

三元催化转换器有什么作用?

三元催化是指将汽车尾气排出的一氧化碳（CO）、碳氢化合物（HC）和氮氧化合物（NOx）等有害气体通过氧化和还原作用转变成无害的二氧化碳、水和氮气，这主要是利用三元催化转换器实现的，三元催化转换器是安装在汽车排气系统中最重要的机外净化装置。

三元催化转换器的载体部分是一块多孔陶瓷材料，安装在特制的排气管当中。称它为载体，是因为它本身并不参加催化反应，而是在上面覆盖着一层铂、钯、铑等贵重金属。

三元催化转换器

转化示意图

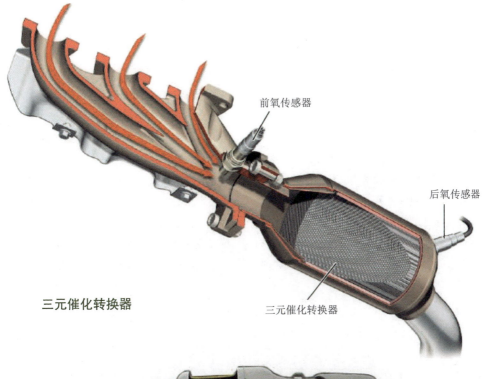

前氧传感器

后氧传感器

三元催化转换器

三元催化转换器

三元催化转换器

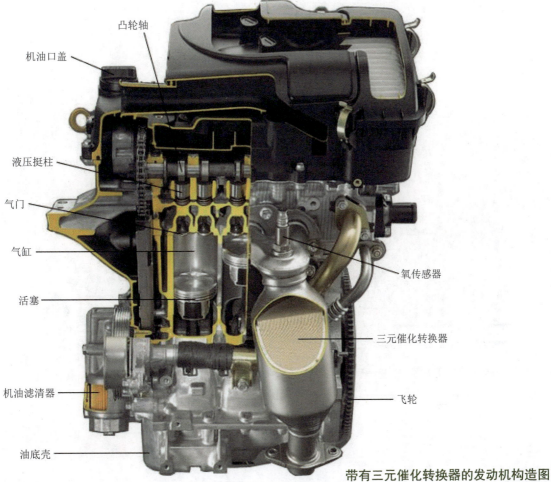

凸轮轴

机油口盖

液压挺柱

气门

气缸

活塞

机油滤清器

油底壳

氧传感器

三元催化转换器

飞轮

带有三元催化转换器的发动机构造图

1-35

为什么进行曲轴箱通风?

曲轴箱通风包括自然通风和强制通风,现代汽油发动机常采用强制式曲轴箱通风,又称为PCV(Positive Crankcase Ventilation)系统。

在发动机正常工作的状态下,总有一部分可燃混合气和废气经活塞环窜到曲轴箱内,窜到曲轴箱内的汽油蒸气凝结后将使机油变稀,性能变差。废气内含有水蒸气和二氧化硫,水蒸气凝结在机油中形成泡沫,破坏机油供给,这种现象在冬季尤为严重。二氧化硫遇水生成亚硫酸,亚硫酸遇到空气中的氧生成硫酸,

这些酸性物质的出现不仅使机油变质,而且也会使零件受到腐蚀。由于可燃混合气和废气窜到曲轴箱内,曲轴箱内的压力将增大,机油会从曲轴油封、曲轴箱衬垫等处渗出而流失。

为了解决这些问题,发动机上采用了强制式曲轴箱通风系统。该系统使窜气不会被释放到大气中,而是送回发动机进气系统而进入气缸内参加燃烧,从而可以提高燃油经济性,并且,还可以防止机油变质、曲轴油封和曲轴箱衬垫渗漏和污染大气。

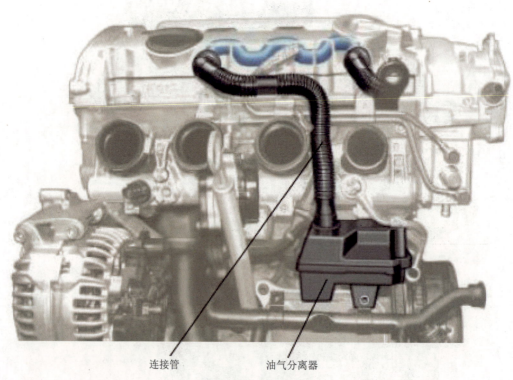

连接管　　　　　　油气分离器

曲轴箱通风原理图

1-36

汽车能推"着"吗？

当手动变速器的车辆起动系统发生故障时，可用牵引或溜车的方法起动发动机。此时，将点火开关打到 ON 位置，变速器挂入空挡，利用人推或牵引汽车使车辆运动。当汽车运行到一定速度时，驾驶人将变速器挂入 1 挡，使汽车的动能经过驱动轮、变速器、离合器等反传给发动机，从而带动发动机曲轴旋转，曲轴旋转而带动活塞往复运动完成进气、压缩，在压缩终了时通过火花塞点火后做功、排气，发动机顺利起动，汽车正常行驶，这个过程也被称为别挡着车。

推车

推车

第一章　认识发动机

1-37

什么是 ECOTEC 发动机?

通用家族虽然是美国车血统,但是从君越开始,使用的却是德国血统欧宝设计的 ECOTEC 发动机。ECOTEC 是由 Ecology(生态)和 Technology(技术)两个词合成而得的,昭示着基于技术、环保和经济性的发动机革命性研发理念。ECOTEC 发动机的前身由欧宝及其下属机构研发生产。到 2000 年,通用汽车集合全球优秀工程技术力量,完成了四缸"全球发动机"系列的大规模研发,并将其命名为 ECOTEC 发动机,由通用汽车全球各大动力总成厂进行生产。

现在,已有数百万台 ECOTEC 发动机被广泛应用于通用汽车旗下包括萨博、欧宝、雪佛兰、土星等各个子品牌的 20 多款车型上,成为全球普及率最高的四缸发动机系列之一。

ECOTEC发动机

ECOTEC发动机

1-38

HYBRID SYNERGY DRIVE 是什么含义？

HYBRID SYNERGY DRIVE 的含义为混合动力协同驱动，简写是 HSD。HSD 是通过汽油发动机和电动机的协同工作模式，将汽车在制动时产生的能量转化为电能，并积蓄起来成为新的驱动力量，从而革命性地减少了汽油的消耗，降低了尾气排放对环境的危害。

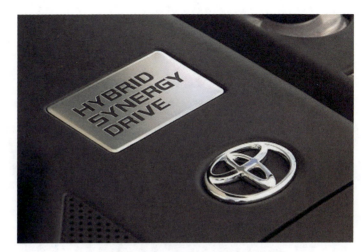

HYBRID SYNERGY DRIVE标志图

丰田HYBRID SYNERGY DRIVE发动机

1-39

DVVT + VIS 是什么含义?

　　发动机是汽车的"心脏",在强调节能环保的今天,我们对汽车发动机的要求,简单地说即是用最少的油,达到输出最大的功率和转矩的效果,并且稳定、持续、可靠,并带有低排放的附加值。DVVT 与 VIS 的最佳组合可实现该效果。

　　DVVT 为进、排气门双连续可变气门正时技术,根据发动机的不同工作状态,通过调节气门开闭的时机,从而提高发动机的动力性能,降低燃油消耗。

　　VIS 是可变进气歧管的技术名称,根据发动机的不同工作状态,通过调节进气歧管翻板,在发动机低转速时,空气流经长的进气歧管;高转速时,流经短的进气歧管。

　　通过 DVVT + VIS 的组合,可提高发动机的动力性能,降低燃油消耗。

奇瑞DVVT VIS发动机

1-40

主动发动机悬置是什么原理?

　　发动机悬置内部的缓冲元件与普通汽车所使用的发动机悬置结构大致相同，它可以吸收一部分发动机在运转时所产生的振动，而当发动机出现异常振动时，悬置内部的线圈和永久磁铁会出现相应的位移，由此会引发电流上的变化，发动机 ECU 在接收到这个信号时也会对线圈的电流加以限制，以实现更富弹性的缓冲效果。

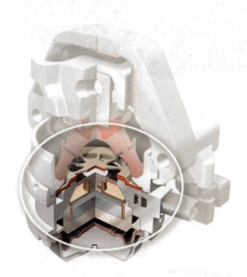
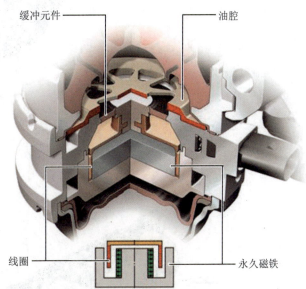

缓冲元件　　　　　　　　　油腔

线圈　　　　　　　　　　　永久磁铁

主动发动机悬置构造图

1-41

电控发动机有哪些传感器?

　　随着 2001 年化油器发动机退出历史的舞台，现在汽车采用的都是电控发动机，它具有控制精度高、动态响应迅速的优点，很大程度上提高了发动机的动力性和经济性，并降低了排放。那么，电控发动机是如何工作的呢？那我们就得知道电控发动机的基本组成。

　　电控发动机是由传感器、ECU 和执行器三部分组成的。如果把电控发动机看做是人体，那么其传感器相当于人的眼睛、耳朵和鼻子等，负责采集发动机运行的各种信息；执行器相当于人的胳膊和腿等，负责执行 ECU 发出的控制指令；ECU 相当于人体的大脑。其基本工作原理为 ECU 通过接收各种传感器的信号并对其进行分析、运算、处理等，然后向执行器发出

控制指令，使发动机能正常工作。

　　那么，电控发动机都有哪些传感器呢？主要有空气流量计、节气门位置传感器、曲轴位置传感器、凸轮轴位置传感器、机油温度／液位传感器、冷却液温度传感器、爆燃传感器、氧传感器等。

　　空气流量计英文简称为 MAF，用于测量发动机吸入空气量的多少。

　　节气门位置传感器英文简称为 TPS，用于监测节气门的开度大小和开闭的速率。

　　曲轴位置传感器英文简称为 CKP，也称为发动机转速传感器，用于监测曲轴的转速（发动机转速）和转角。

凸轮轴位置传感器英文简称为 CMP，用于监测凸轮轴位置，与曲轴位置传感器配合确定发动机的喷油时刻和点火时刻。

冷却液温度传感器英文简称为 THW 或 ECT，用于监测发动机冷却液的温度。

爆燃传感器英文简称为 KS 或 KNK，用于监测发动机的振动频率，以确认发动机是否发生爆燃，如发生爆燃则 ECU 控制减小点火提前角。

氧传感器英文简称为 O2S，用于监测发动机废气中的氧含量，从而改变混合气的浓度。

机油温度/液位传感器用于监测发动机的机油温度和机油液面的高低。

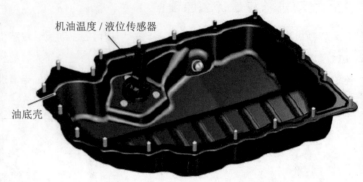

机油温度/液位传感器安装位置示意图

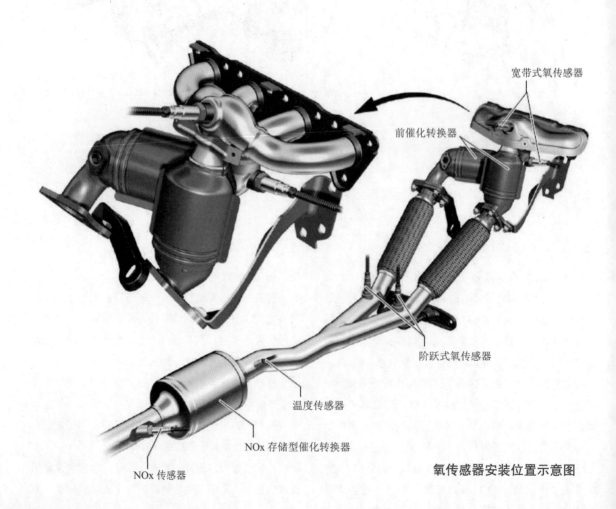

氧传感器安装位置示意图

1-42

电控发动机有哪些执行器？

执行器相当于电控发动机的"手脚"，负责执行 ECU 的控制指令。常见的执行器有燃油泵、喷油器、点火线圈、炭罐电磁阀、二次空气泵等。

燃油泵负责将燃油加压，并输送到喷油器。

喷油器负责将燃油喷入进气歧管或气缸内。

点火线圈负责将 12V 低压电转换成几万伏的高压电，并通过火花塞点燃气缸内被压缩的可燃混合气。

炭罐电磁阀控制燃油箱内的燃油蒸气是否进入发动机参加燃烧。

二次空气泵负责将新鲜的空气泵入排气管内，以使废气继续燃烧，减少有害物质的生成。

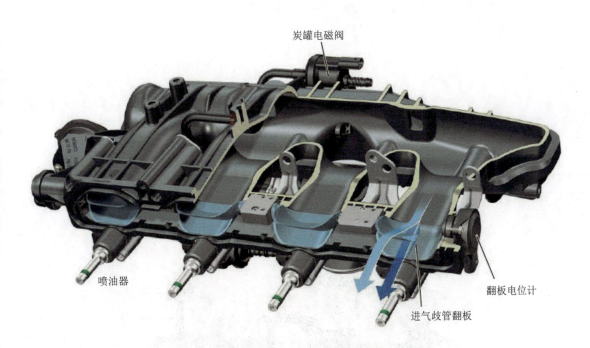

炭罐电磁阀安装位置示意图

曲柄连杆机构

如果发动机有生命，曲柄连杆机构就是它的"四肢"，是它的正常工作使发动机能动起来。人们的腿脚可以向前走或向后退，但发动机的"四肢"却做不到，它只能朝一个方向"走"，也就是我们所说的发动机顺时针旋转。

曲柄连杆机构包括哪些部件？

曲柄连杆机构是发动机实现工作循环，完成能量转换的主要运动机构。曲柄连杆机构主要可分为机体组、活塞连杆组和曲轴飞轮组。

机体组包括气门室罩盖、气缸盖、气缸垫、气缸体和油底壳等。

活塞连杆组包括活塞、活塞销、活塞环和连杆等。

曲轴飞轮组包括曲轴和飞轮等。

气缸盖

气缸体

曲轴箱

油底壳

活塞

连杆

曲轴

曲柄连杆机构构造图

油环
活塞
活塞销
卡环
连杆小头轴瓦
连杆
连杆大头上轴瓦
主轴承上轴瓦
曲轴
曲轴链轮
带轮
正时齿轮

第一道气环
第二道气环
连杆螺栓
飞轮
脉冲轮
连杆大头下轴瓦
连杆瓦盖
连杆螺母
主轴承下轴瓦
轴向止推片

活塞连杆组和曲轴飞轮组构成图

2-2

气缸体有几种结构形式？

气缸体是发动机的主体，它将各个气缸连成一体，是安装活塞、曲轴以及其他零件和附件的支承骨架。气缸体上部的圆柱形空腔称为气缸，下半部为支承曲轴的曲轴箱。在气缸体内部铸有许多加强筋、冷却水套和润滑油道等。

气缸体应具有足够的强度和刚度，根据气缸体与油底壳安装平面的位置不同，通常把气缸体分为以下三种形式。

1）一般式气缸体：其特点是油底壳安装平面和曲轴旋转中心在同一高度。它的优点是机体高度小，重量轻，结构紧凑，便于加工，曲轴拆装方便；但其缺点是刚度和强度较差。

2）龙门式气缸体：其特点是油底壳安装平面低于曲轴的旋转中心。它的优点是强度和刚度都好，能

龙门式气缸体

承受较大的机械负荷；但其缺点是工艺性较差，结构笨重，加工较困难。

3）隧道式气缸体：这种形式的气缸体曲轴的主轴承孔为整体式，采用滚动轴承，主轴承孔较大，曲轴从气缸体后部装入。它的优点是结构紧凑，刚度和强度好；但其缺点是加工精度要求高，工艺性较差，曲轴拆装不方便。

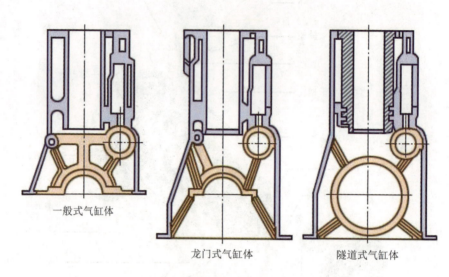

一般式气缸体　　　　龙门式气缸体　　　　隧道式气缸体

气缸体结构形式示意图

2-3

为什么气缸不合并？

　　V8-4.0L 发动机包含 8 个 0.5L 的气缸，那么，为何不把 8 个 0.5L 的小气缸合并为一个 4.0L 的大气缸呢？原因有很多，但主要的原因在于平顺性。V8 发动机之所以更加平稳，是因为它有八次间隔均匀的爆炸（做功）而不是一次大爆炸。另一个原因在于起动转矩，在起动 V8 发动机时，只需驱动两个气缸（1升）完成它们的压缩冲程，但是对于一个大气缸，必须改为压缩 4 升的气体量。

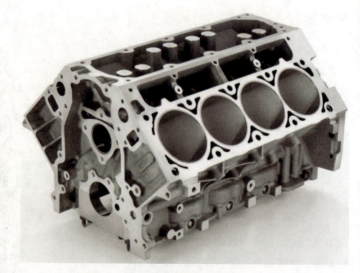

V8型发动机气缸体

2-4

60 度气缸夹角是最优化设计吗？

在发动机中，我们提到气缸夹角往往是 V 形发动机，在 V 形发动机中，较常见的是 60 度、90 度的夹角，水平对置发动机的气缸夹角为 180 度。

60 度夹角是最优化的设计，是经过无数科学实验论证过的结果，因此，绝大多数的 V 形发动机都采用这种布局形式。

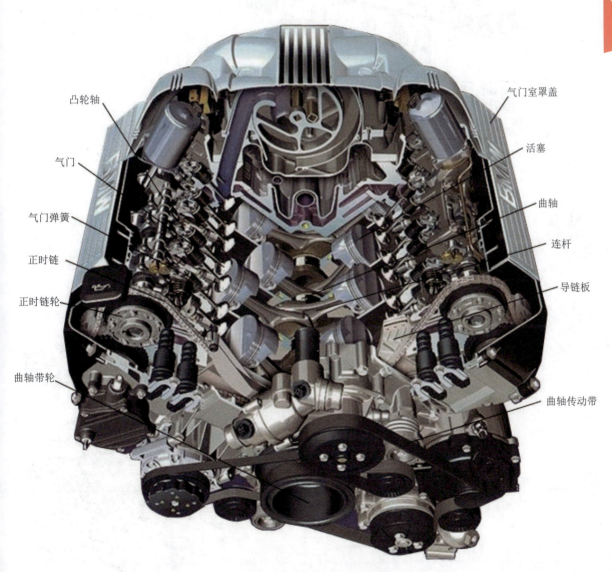

凸轮轴

气门

气门弹簧

正时链

正时链轮

曲轴带轮

气门室罩盖

活塞

曲轴

连杆

导链板

曲轴传动带

60度气缸夹角发动机构造图

2-5

气缸盖是燃烧室的一部分吗？

气缸盖安装在气缸体的上面，从上部密封气缸并构成燃烧室。它经常与高温高压燃气相接触，因此，承受很大的热负荷和机械负荷。水冷发动机的气缸盖内部制有冷却水套，缸盖下端面的冷却水孔与缸体的冷却水孔相通，利用冷却液来冷却燃烧室等高温部分。

气缸盖上还装有进、排气门座，气门导管孔，用于安装进、排气门，还有进气通道和排气通道等。汽油机的气缸盖上加工有安装火花塞的孔，而柴油机的气缸盖上加工有安装喷油器的孔。顶置凸轮轴式发动机的气缸盖上还加工有凸轮轴轴承孔，用以安装凸轮轴。

气缸盖一般采用灰铸铁或合金铸铁铸成，铝合金的导热性好，有利于提高压缩比。所以，近年来铝合金气缸盖被采用得越来越多。

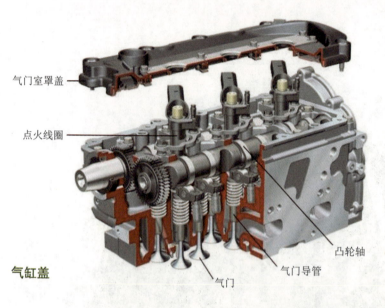

气门室罩盖

点火线圈

凸轮轴

气门导管

气门

气缸盖

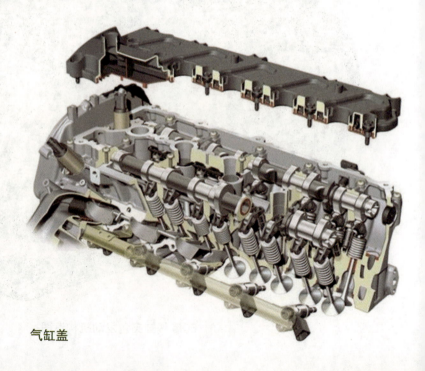

气缸盖

2-6

气缸垫能实现密封吗？

　　气缸垫位于气缸盖与气缸体之间，又称气缸床。其作用是填补气缸体和气缸盖之间的微观孔隙，保证结合面处有良好的密封性，进而保证燃烧室的密封，防止气缸漏气、水套漏水和油道漏油。

　　目前，常用的气缸垫是采用实心金属片制成，这种气缸垫在需要密封的气缸孔、水孔及油孔周围冲压出一定高度的凸纹，利用凸纹的弹性变形来实现密封。

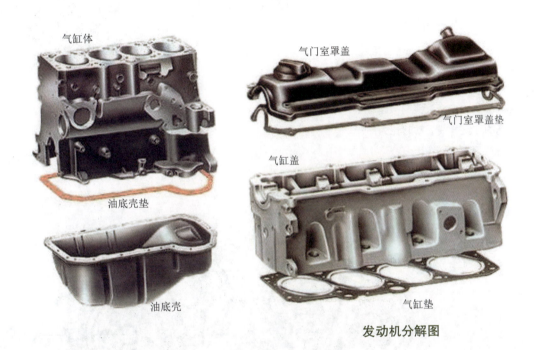

发动机分解图

气缸垫及凸轮轴

第二章　曲柄连杆机构

2-7

活塞最"忙碌"吗?

发动机好比是汽车的"心脏",而活塞则可以理解为是发动机的"中枢",除了身处恶劣的工作环境外,它还是发动机中最忙碌的一个。只要发动机一运转,活塞的"头上"就要顶着高温高压的气体,"脚下"便带动曲轴不停地做高速旋转运动。

活塞的内部为掏空设计,更像是一个帽子,两端的圆孔连接活塞销,活塞销连接连杆小头,连杆大头则与曲轴相连,将活塞的往复直线运动转化为曲轴的旋转运动。

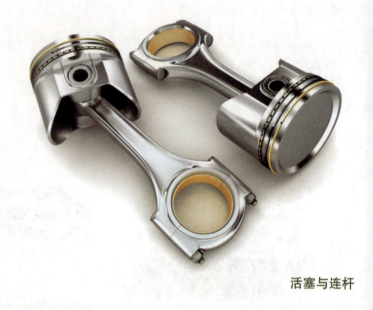

活塞与连杆

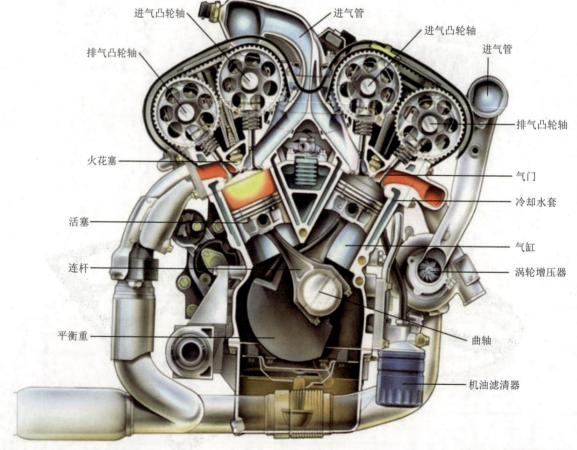

进气凸轮轴　进气管　进气凸轮轴　进气管
排气凸轮轴　排气凸轮轴
火花塞　气门　冷却水套
活塞　气缸　涡轮增压器
连杆　曲轴
平衡重　机油滤清器

V形发动机构造剖面图

2-8

连杆最"憋气"吗?

在发动机中,连杆是用来连接活塞和曲轴的,其结构包括连杆大头、杆身和连杆小头。连杆小头通过活塞销与活塞连接,连杆大头与曲轴上的连杆轴颈连接。这样,连杆小头上作用着高压气体的作用力,大头还得"蹬"动曲轴旋转,它承受着夹板气,是发动机中最"憋气"的一个部件。

由于连杆既受交变的抗压应力,又受弯曲应力的影响,所以,其杆身通常做成"工"字形或"H"形端面,以求在满足强度和刚度要求的前提下减小质量。

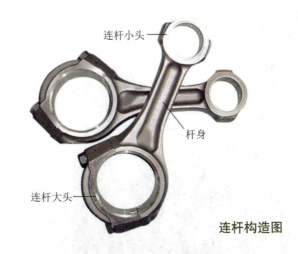

连杆小头

杆身

连杆大头

连杆构造图

曲轴

连杆

活塞销

卡环

活塞

被拆解的活塞连杆组

被拆解的活塞连杆组

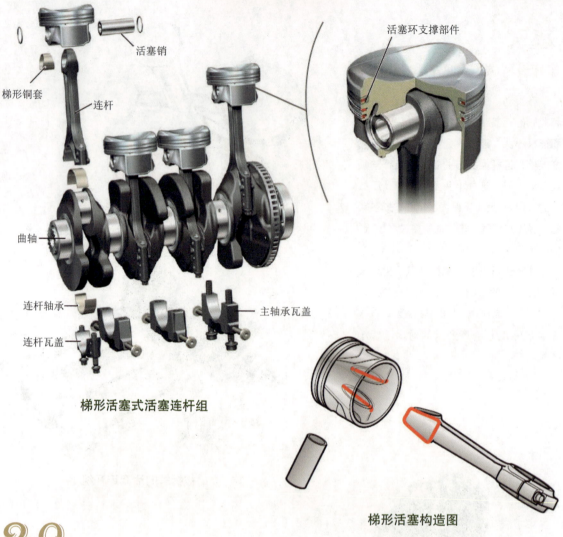

活塞环支撑部件

活塞销

梯形铜套

连杆

曲轴

连杆轴承

主轴承瓦盖

连杆瓦盖

梯形活塞式活塞连杆组

梯形活塞构造图

2-9

梯形活塞有什么优势？

　　在某些高性能发动机上，连杆是锻钢制成的，只有13mm厚。为了降低振动质量以及能承受比一般发动机高的燃烧压力，活塞销座孔和连杆小头设计成梯形结构，这就是梯形活塞名称的由来。

　　与传统的活塞与连杆连接相比，在活塞销处，活塞销座孔和连杆小头有较大的接触面积。所以，燃烧产生的压力分配到一个较大面积，减小了活塞销和连杆的负荷。

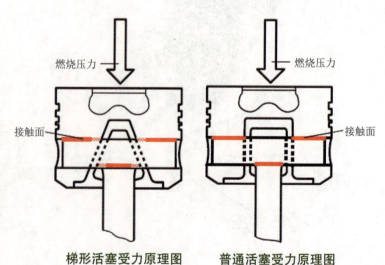

燃烧压力

接触面

梯形活塞受力原理图

燃烧压力

接触面

普通活塞受力原理图

2-10

活塞环有什么作用?

　　每个活塞的头部都有三条"皱纹",是为了安装两道气环和一道油环,且气环在上,气环和油环统称为活塞环。气环又称为压缩环,其主要作用就是实现对气缸的密封,在装配时,两道气环的开口需要错开。油环的作用主要是刮除飞溅到气缸壁上的多余机油,并将机油刮布均匀。目前,广泛应用的活塞环材料主要有优质灰铸铁、球墨铸铁、合金铸铁等。

第二章　曲柄连杆机构

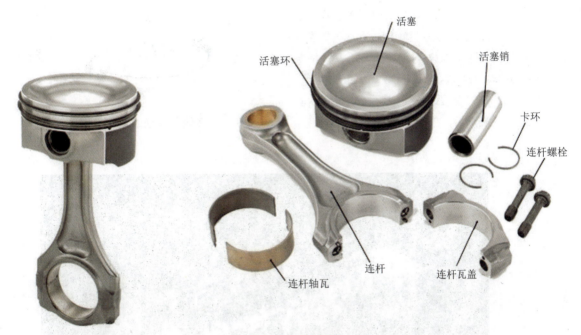

活塞环　　活塞　　活塞销　　卡环　　连杆螺栓　　连杆　　连杆瓦盖　　连杆轴瓦

活塞连杆组构造图

活塞环

活塞环安装位置图

2-11

发动机为什么能平稳运转?

我们知道,四冲程发动机只有做功行程产生动力,其他进气、压缩、排气冲程是消耗动力,多缸发动机是间隔地轮流做功,转矩呈脉动输出,这样就给曲轴施加了一个周期变化的扭转外力,令曲轴转动忽慢忽快,缸数越少越明显。那么,发动机为何能平稳运转呢? 这是由于在曲轴的后端安装了一个质量非常大的家伙——飞轮。利用飞轮所具有的较大惯性,当曲轴转速增高时吸收部分能量阻碍其增速,当曲轴转速降低时释放部分能量使得其增速,这样一增一降,提高了曲轴旋转的均匀性,这就保证了发动机能连续地平稳运转。其实,这个原理跟我们小时候的陀螺玩具差不多,我们用力旋转后,它能保持长时间的转动。

飞轮储存动能原理示意图

点火线圈

凸轮轴

气门

飞轮

活塞

曲轴

飞轮所在位置示意图

发动机
仪表板
变速器
飞轮

飞轮所在位置示意图

2-12

什么是双质量飞轮？

双质量飞轮的英文全称为 Double Mass Flywheel，英文缩写称为 DMFW，是 20 世纪 80 年代末在汽车上出现的新配置。

所谓双质量飞轮，就是将原来的一个飞轮分成两个部分，一部分保留在原来发动机一侧的位置上，起到原来飞轮的作用，用于起动和传递发动机的转动转矩，这一部分称为初级质量。另一部分则放置在变速器一侧，用于提高变速器的转动惯量，这一部分称为次级质量。两部分飞轮之间有一个环形的油腔，在腔内装有弹簧减振器，由弹簧减振器将两部分飞轮连接为一个整体。双质量飞轮中的弹簧减振器将初级质量与次级质量分开，这样，发动机产生的扭力振动就不会传递到变速器，减轻了变速器的负荷。

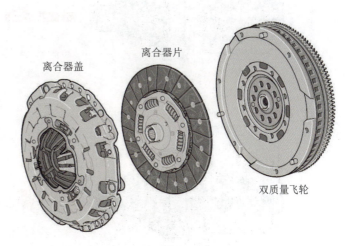

离合器盖
离合器片
双质量飞轮

双质量飞轮

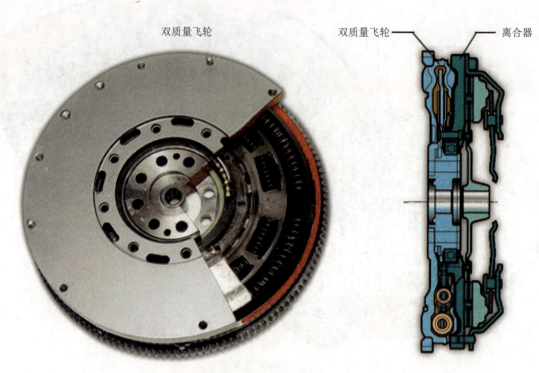

双质量飞轮

双质量飞轮　离合器

双质量飞轮和离合器的连接

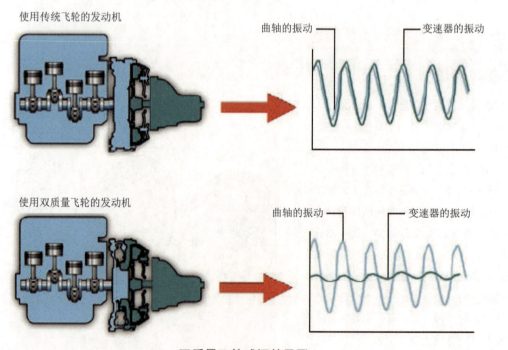

使用传统飞轮的发动机

曲轴的振动　变速器的振动

使用双质量飞轮的发动机

曲轴的振动　变速器的振动

双质量飞轮减振效果图

2-13

曲轴是如何变向的?

　　曲轴是发动机的主要旋转部件，它担负着将活塞的上下往复直线运动转变为自身的旋转运动。那么，怎么把直线运动变向为旋转运动呢? 这个原理和我们骑自行车非常相似，我们的两只脚相当于两个活塞，脚蹬相当于曲轴的连杆轴颈，而中间的大飞轮则相当于曲轴的主轴颈。主轴颈和连杆轴颈是不在同一直线上的，而是对立布置的。这样，当活塞上下运动时，便会带动曲轴做旋转运动。

　　通常，我们所说的发动机转速就是曲轴的转速。它要不停地做高速旋转运动并肩负着带动机油泵、发电机、空调压缩机、动力转向泵、凸轮轴等机构的艰巨任务，是发动机动力的中转轴。因此，它也比较"壮实"。

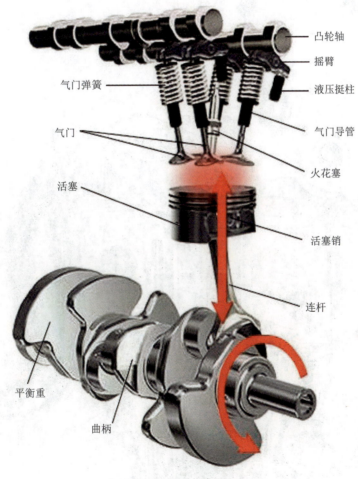

凸轮轴
摇臂
液压挺柱
气门弹簧
气门导管
气门
火花塞
活塞
活塞销
连杆
平衡重
曲柄

曲轴变向原理示意图

第二章　曲柄连杆机构

曲轴构造图

平衡重
主轴径
润滑油孔
曲轴输出端
曲轴前端
连杆轴径
曲柄

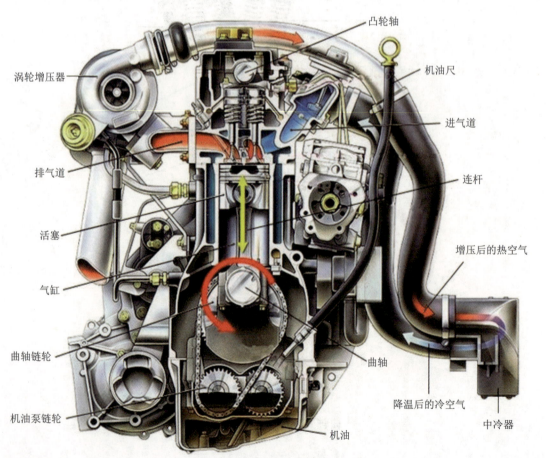

发动机内部运动示意图

凸轮轴
机油尺
进气道
涡轮增压器
连杆
排气道
活塞
气缸
增压后的热空气
曲轴链轮
曲轴
机油泵链轮
降温后的冷空气
机油
中冷器

2-14

平衡轴能减轻振动吗？

　　平衡轴让发动机工作起来更加平稳、顺畅。平衡轴技术是一项结构简单并且非常实用的发动机技术，它可以有效减缓整车振动，提高驾驶的舒适性。

　　当发动机处在工作状态时，活塞的运动速度非常快，而且速度很不均匀。当活塞位于上、下止点位置时，其速度为零，但在上、下止点中间位置的速度则达到最高。由于活塞在气缸内做往复高速直线运动，因此，必然会在活塞、活塞销和连杆上产生较大的惯性力。虽然连杆上的配重可以有效地平衡这些惯性力，但却只有一部分运动质量参与直线运动，另一部分参与了旋转运动。因而除了上、下止点位置外，其他惯性力并不能完全达到平衡状态，此时的发动机便产生了振动。

　　下图所示为奥迪 2.0L-TFSI 发动机采用的双平衡轴结构原理图，两平衡轴产生的离心力与曲轴产生的离心力方向相反，这样，就可以抵消掉大部分的振动了。

平衡轴

平衡轴 1

平衡轴 2

链张紧器

导链板

换向齿轮

曲轴链轮

奥迪2.0L-TFSI发动机采用的双平衡轴结构原理图

配气机构

如果发动机有生命，配气机构就是它的"呼吸系统"，但它又不同于人们的呼吸系统。人们的呼、吸是通过同一通道进行的，但发动机则不同，它的呼、吸是通过两个通道进行的，而且，它的呼吸通道大小有的还是可变的，从而使它的动力性能发挥到极致。

3-1

配气机构包括哪些部件?

配气机构的作用是按照发动机各缸的做功顺序和工作循环的要求，定时地将各气缸的进、排气门开启和关闭，以便使可燃混合气（缸外喷射汽油机）或新鲜的空气（柴油机或缸内直喷汽油机）及时进入气缸，燃烧生成的废气及时排出气缸。配气机构由气门组和气门传动组构成。

气门组包括气门、气门座、气门导管、气门弹簧、气门弹簧座、气门油封和气门锁片等。

气门传动组包括正时齿轮、凸轮轴、挺柱、摇臂等。

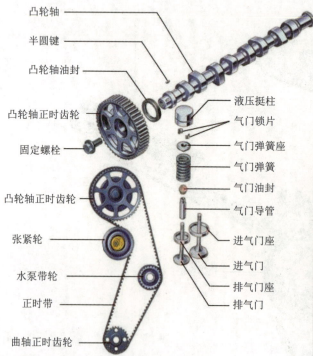

凸轮轴
半圆键
凸轮轴油封
凸轮轴正时齿轮
固定螺栓
凸轮轴正时齿轮
张紧轮
水泵带轮
正时带
曲轴正时齿轮

液压挺柱
气门锁片
气门弹簧座
气门弹簧
气门油封
气门导管
进气门座
进气门
排气门座
排气门

配气机构构成图

配气机构图

3-2

节气门有什么作用？

　　节气门是控制空气进入发动机的一道可控阀门，气体进入进气歧管后会和汽油混合形成可燃混合气，从而燃烧做功。它上接空气滤清器，下接进气歧管，被称为是发动机的咽喉。

　　节气门有传统拉索式和电子节气门式两种。传统发动机节气门操纵机构是通过拉索（软钢丝）或者拉杆，一端连接加速踏板，另一端连接节气门连动板而工作。电子节气门是发动机 ECU 根据加速踏板位置传感器的信号，控制节气门的开启角度，从而调节进气量的大小。

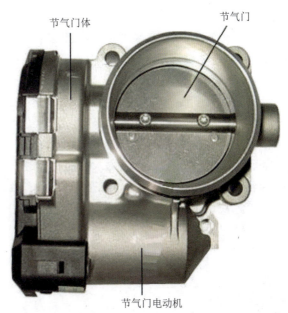

节气门体　　节气门

节气门电动机

节气门构造图

节气门体

药用炭罐电磁阀

节气门

药用炭罐系统双通阀

燃油高压传感器　　燃油导轨

节气门位置图

第三章　配气机构

3-3

空气是如何进入发动机的？

在前面我们曾说过活塞在气缸内做往复直线运动，进行进气行程、压缩行程、做功行程和排气行程，从而完成一个工作循环。

当发动机处于进气行程时，活塞向下运动使气缸内产生真空（也就是压力变小），与外界空气产生压力差，让空气能进入气缸内。举个例子，大家都应该打过针，也看到过护士小姐如何将药水吸入针筒内吧！假设针筒就是发动机，那么，当针筒内的活塞向外抽出时，药水就会被吸入针筒内，而发动机就是这样把空气吸到气缸内的。

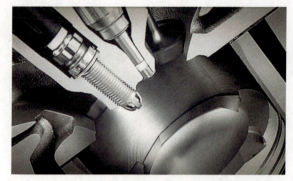

气缸

3-4

凸轮轴有什么作用？

如果将配气机构看做是发动机的呼吸系统，那么，凸轮轴将控制发动机的呼吸。凸轮轴按照发动机的工作顺序和工作循环的要求，定时开启和关闭各缸的进、排气门，从而使新鲜的可燃混合气进入气缸，而气缸内燃烧生成的废气排出气缸。

凸轮轴

空气滤清器
消声器
发电机
凸轮轴
排气歧管
气门
活塞
空调压缩机

凸轮轴安装位置示意图

3-5

如何保证发动机吸入纯净空气?

我们都知道,人们是利用鼻子进行呼吸的,这样,空气中的灰尘等就可以通过鼻毛进行过滤,保证吸入人体内的空气是纯洁、干净的。

要想保证发动机吸入气缸内的空气是纯洁和干净的,那么,发动机也应该有"鼻毛",那它是什么呢?空气滤清器!

空气滤清器位于发动机的进气系统中,作为发动机"鼻毛"的它用来滤除将要进入气缸的空气中的有害杂质,以减少气缸、活塞、活塞环、气门及气门座的磨损。

空气滤清器

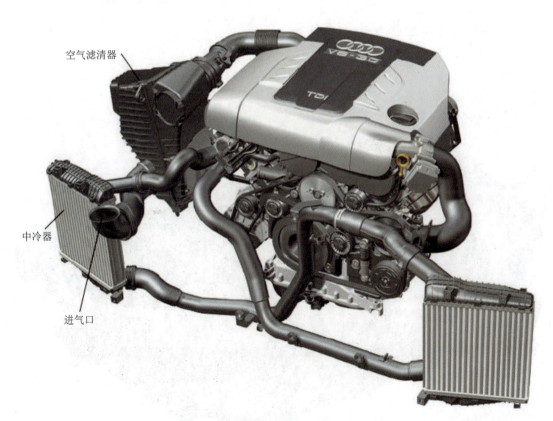

空气滤清器安装位置示意图

第三章　配气机构

3-6

塑料进气歧管有什么优势?

进气歧管是发动机最关键的部件之一,其核心功能是为发动机各缸提供充足而均匀的混合气。因此,它是影响发动机动力性和经济性的关键因素。一直以来,进气歧管都采用铝合金材料,但塑料进气歧管以其重量轻、成本低、性能好等特点迅速取代了铝合金进气歧管,成为新型发动机的首选。具体而言,塑料进气歧管具有以下4个优势:

1)在重量方面,与铝合金进气歧管相比,塑料进气歧管的重量仅为铝合金歧管的一半。

2)在动力性方面,由于塑料进气歧管的内壁比较光滑,有利于提高进气充量。与铝合金进气歧管相比,发动机的动力性可提高3% ~ 5%。

3)在经济性方面,塑料进气歧管能带来良好的气流,从而有助于汽油在气缸内充分燃烧,使发动机的经济性和排放都能得到明显的改善。

4)在成本方面,塑料进气歧管的生产成本通常比铝合金进气歧管低20% ~ 35%。

塑料进气歧管

塑料进气歧管

3-7

为什么进气门大？

　　要想气缸内不断地发生"爆炸"，必须不断地输入新的燃料和及时排出废气，进、排气门在这个过程中就扮演了重要角色。进、排气门是由凸轮轴控制的，适时地执行"开门"和"关门"这两个动作。

　　由于进气是靠真空吸进去的，而排气是靠活塞上行推出去的，因此，进气比排气困难，而且进气越多，燃烧得越好。因此，为了获得更多的新鲜空气参与燃烧，进气门需要弄大点以获得更多的进气。所以，我们在 2 气门或 4 气门发动机上，见到的进气门比排气门直径大。而有的发动机干脆多设计了一个进气门，这才有了每缸 3 气门（ 2 进 1 排）或 5 气门（ 3 进 2 排）发动机。

每缸5气门

气门

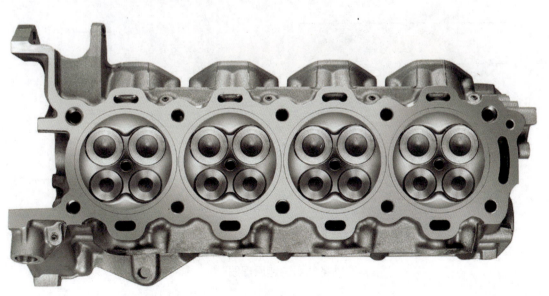

每缸4气门

第三章　配气机构

什么是充钠排气门？

我们都知道，气缸内有进气门和排气门，但排气门的温度要远高于进气门。这是因为流经排气门的是高温的废气，如果排气门温度过高，在燃烧室内便形成了炽热点，容易造成表面点火，充钠排气门技术则很好地解决了这个问题。

充钠排气门技术将排气门杆部设计为中空结构，然后将金属钠充入其中。通过在排气门内充入金属钠，在发动机正常的工作温度下，处于液态的金属钠会随着气门的开闭而上下运动。比热较大的金属钠会很好地吸收来自排气门头部的热量并进行传导，这就降低了排气门在恶劣工作环境下的温度。

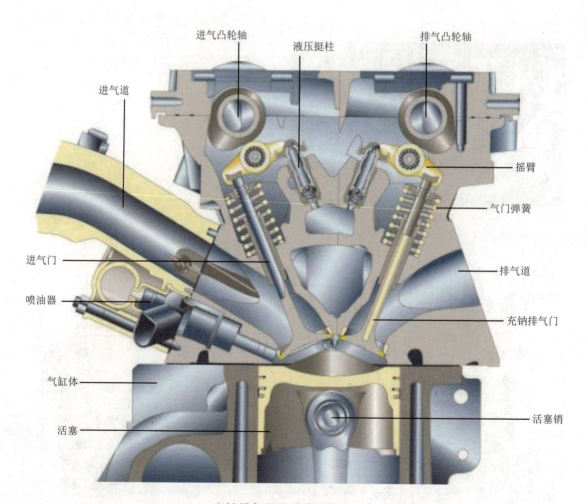

充钠排气门构造原理图

3-9

什么是可调叶片式涡轮增压器？

涡轮增压发动机是利用排气系统中的废气冲击泵轮来压缩进气系统中的空气的增压发动机，英文为Turbocharger，简称为T，我们在轿车尾部看到的1.8T、30T等，这里面的T表示该车采用涡轮增压发动机。

涡轮增压器有旁通支路式和可调叶片式两种控制废气流量的方式。由于可调叶片式涡轮增压器在任何转速下均可产生所需压缩力，因此，被越来越多地采用。

那么，可调叶片式涡轮增压器是如何工作的呢？举个例子，如果两个管内的压力相同，气体流过有颈缩的管要比流过无颈缩的管速度快很多，可调叶片式涡轮增压器就是采用这一原理。

为在发动机低速和全负荷工作时迅速产生足够的充气压力，叶片转动使进气口变小。进气口变小后，废气流速增大，从而提高了泵轮转速，加大增压效果。如果要减小充气压力，可转动叶片，进气口增大，增大废气流量，从而保证泵轮转速及充气压力恒定不变。

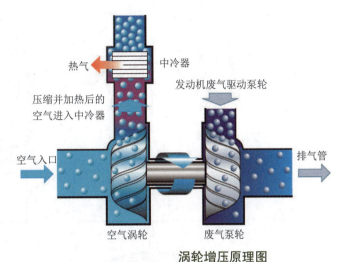

热气　中冷器

发动机废气驱动泵轮

压缩并加热后的空气进入中冷器

空气入口　　　　　　　　　　　排气管

空气涡轮　　　　废气泵轮

涡轮增压原理图

壳体

涡轮

泵轮

润滑油加注口

可调式叶片

调整叶片的低压箱

可调叶片式涡轮增压器构造图

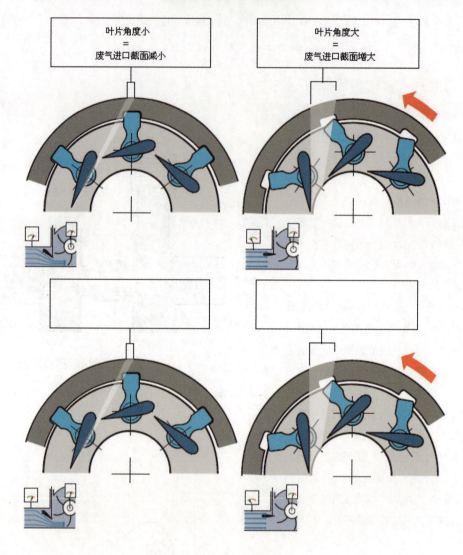

叶片角度小
=
废气进口截面减小

叶片角度大
=
废气进口截面增大

叶片角度示意图

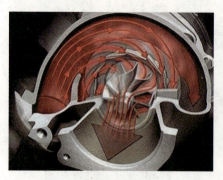

进气口小

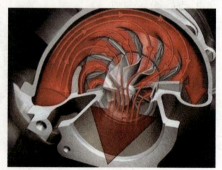

进气口大

3-10

旁通支路式涡轮增压器是如何工作的？

旁通支路式涡轮增压器与可调叶片式涡轮增压器一样，是利用发动机排出废气的能量冲击装在排气系统中的废气泵轮，使之高速旋转，通过一根转轴带动空气涡轮以同样的速度高速旋转使之压缩空气，并强制地将增压后的空气压送到气缸中。由于发动机功率与进气量成正比，因此，可提高发动机功率。与可调叶片式利用叶片的角度来控制废气的流量及流速不同，它利用的是废气阀来控制废气的流量及流速。无论是可调叶片式还是旁通支路式涡轮增压器，其整个增压过程基本不会消耗发动机本身的动力。

涡轮增压拥有良好的加速持续性，用通俗的话说就是后劲十足。而且最大转矩输出的转速范围宽广，转矩曲线平直，但低速时由于涡轮不能及时介入，从而导致动力性稍差。

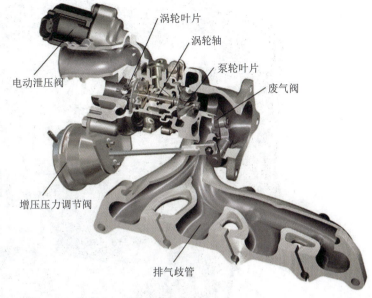

涡轮叶片
涡轮轴
泵轮叶片
废气阀
电动泄压阀
增压压力调节阀
排气歧管

涡轮增压器构造图

进气凸轮轴
排气凸轮轴
涡轮增压器
排气门
活塞
连杆

涡轮增压器工作示意图

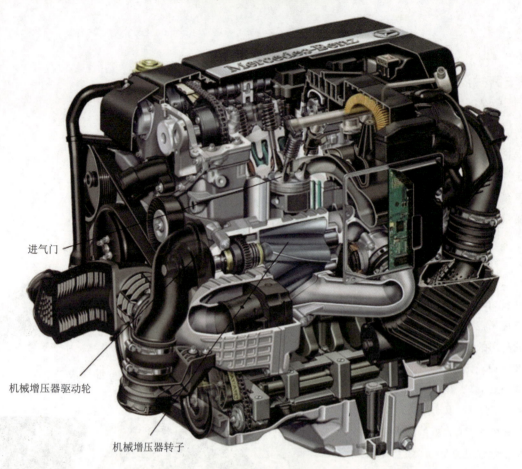

进气门

机械增压器驱动轮

机械增压器转子

机械增压器构造图

3-11

什么是罗茨式增压器？

在某些资料里，我们看到的罗茨式增压器实际上就是机械增压器，英文为 Supercharger。它不像涡轮增压器那样通过废气驱动泵轮从而来提高进气压力，而是由发动机曲轴通过传动带驱动增压器的转子旋转，从而将空气增压吹到进气管。正因为机械增压是通过曲轴的带动来工作的，因此，会对发动机输出的动力造成一定程度的损耗。

因为机械增压的驱动原理，使其在低转速下便可获得增压。增压的动力输出也与曲轴转速成一定的比例，即机械增压发动机的动力输出随着转速的提高，也随之增强。因此，机械增压发动机的出力表现与自然吸气极为相似，但却能拥有较大的功率与转矩。但由于高转速时机械增压器

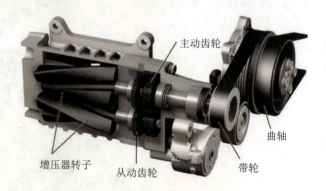

主动齿轮

增压器转子

从动齿轮

曲轴

带轮

机械增压发动机构造图

会损失掉发动机的部分动力，在高转速时，其增压作用就不是很明显。

以前的增压器配备的是双叶片转子。现在多数配备的是三叶片的螺旋形转子，这样，才能保证产生较高的增压压力，最重要的是产生恒定的增压压力（效率高）。

3-12

为什么采用双增压器？

　　所谓双增压就是利用机械增压在低速阶段的优势和涡轮增压在高速阶段的优势衔接在一起工作，其英文为Twincharger。

　　机械增压有助于低转速时的转矩输出，但高转速时功率输出有限；而废气涡轮增压在高转速时拥有强大的功率输出，但低转速时则力不从心。鉴于上述原因，发动机的设计师们把机械增压和涡轮增压结合在一起，来解决两种技术各自的不足，从而保证在低速、中速和高速时都有较佳的增压效果。

沃尔沃DRIVE-E双增压发动机

机械增压器组件　　增压器传动带　　涡轮增压器组件　　中冷器套件

双增压发动机构造分解图

3-13

什么是中冷器?

进入增压发动机的空气首先经过增压器被压缩后,温度会升高。增压后的气体温度大概会升高多少呢?这个要视增压器的工作情况而定,转速越高,增压压力越大,温度上升就越大,一般而言能够上升 40 ~ 60℃左右,加上空气本来的温度,增压后的气体已经很烫了。

高温空气对发动机燃烧特别不利,功率会减小、排放会变坏。在相同的燃烧条件下,增压空气的温度每上升 10℃,发动机功率就会下降约 3% ~ 5%。这个问题就非常严重了,好不容易增加的功率会被空气温度过高而抵消,为了解决这个问题,在增压器与发动机进气歧管之间安装了散热器。由于这个散热器位于发动机和增压器之间,所以,又称作中间冷却器,简称中冷器。

空气进气口

涡轮增压器

空气管

中冷器

中冷器安装位置示意图

3-14

中冷器和增压器对着干?

　　增压器通过压缩空气从而提高发动机的功率,但流经增压器的空气由于摩擦等原因,使其温度升高,结果是单位体积内的空气量变少,这与安装增压器的目的背道而驰。

　　之所以说中冷器和增压器是对着干,是因为中冷器会增加空气阻力,使增压空气的压力下降,导致增压效果减小,发动机响应变慢,不过这种效应相比起中冷器对发动机提升功率的作用来说,就显得无足轻重了。

中冷器

中冷器安装位置示意图

3-15

为什么需要气门正时?

气门正时是发动机配气机构的重要组成部分，是保障发动机“呼吸”顺畅的重要因素之一。气门正时是指气门开启和关闭的时刻。理论上，在进气行程中，活塞由上止点移至下止点时，进气门打开、排气门关闭；在排气行程中，活塞由下止点移至上止点时，进气门关闭、排气门打开。但在实际的发动机工作中，为了增大气缸内的进气量，进气门需要提前开启、延迟关闭；同样地，为了使气缸内的废气排得更干净，排气门也需要提前开启、延迟关闭，这样才能保证发动机有效运行。

说到这里，相信您一定明白了发动机为什么需要气门正时。

可变气门机构

可变气门机构

3-16

什么是正时链传动?

　　现在汽车用的正时传动主要有正时带传动和正时链传动。无论是正时带传动还是正时链传动,其主要作用都是使发动机的凸轮轴与曲轴同步运动。凸轮轴与曲轴间的任何相位误差都会导致燃油消耗增加和排放恶化。

　　正时链是发动机的重要零部件。它的主要作用是用来驱动发动机的配气机构,使发动机的进、排气门在适当的时候开启或关闭,来保证发动机的气缸能够正常地吸气和排气。

　　正时链传动是近年来汽车发动机采用较多的,因其具有结构紧凑、传递效率高、可靠性与耐磨性高、设计形式多样、终身免维护等显著优点,但相对传统的正时带来说,其噪声一般稍大一些。但什么事情都不是绝对的,随着技术的进步,目前,有些汽车上采用了齿形静音链,其噪声甚至低于正时带。相信这种正时链的广泛使用将为广大汽车用户带来更多便利。

正时链传动

进气歧管
进气凸轮轴
进气门
点火线圈
火花塞
排气门
排气凸轮轴
排气歧管
活塞
连杆
油底壳

机油滤清器
正时调节器
正时链
导链板
飞轮
起动齿圈

正时链传动的发动机构造图

3-17

什么是正时带传动?

正时带已在发动机中应用很长时间,具有技术成熟、成本较低、噪声较小等优点。正时带是由耐热尼龙帆布、耐热合成橡胶和高拉伸模量的玻纤线绳组成的。这些材料组合所形成的产品特性,能够承受很大的动态冲击载荷而不造成永久性的延伸和磨损,但需要定期检查和维护,一般5～10万公里就需要更换。

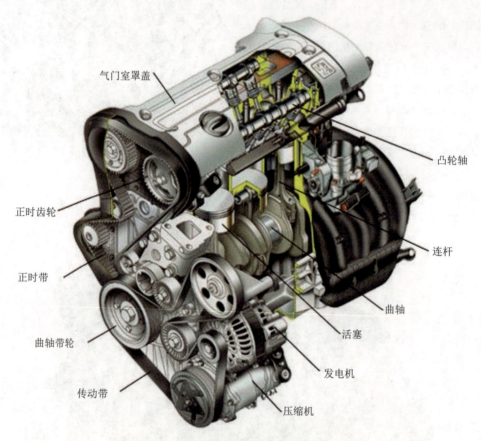

气门室罩盖
凸轮轴
正时齿轮
连杆
正时带
曲轴
曲轴带轮
活塞
发电机
传动带
压缩机

正时带传动的发动机构造图

3-18

为什么四气门是主流?

如果发动机有多个气门的话,高转速时进气量大、排气干净,发动机的性能也比较好。但是多气门设计较复杂,尤其是气门的驱动方式、燃烧室构造和火花塞位置都需要进行精密的布置,这样,要求有先进的生产工艺,制造成本自然也高,后期的维修也困难,其带来的效果并不是很明显,或者说有点不划算。所以,气门数不宜过多,在发动机上普遍采用每缸四气门。

每缸四气门

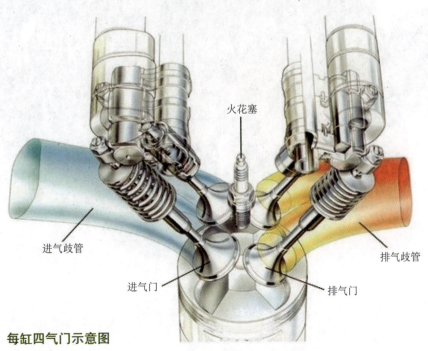

火花塞

进气歧管

排气歧管

进气门

排气门

每缸四气门示意图

3-19

气门油封能防止烧机油吗？

气门油封是油封的一种，一般由外骨架和氟橡胶共同硫化而成，油封径口部安装有自紧弹簧，用于气门导管与气门杆之间的密封，可以防止机油通过气门导管与气门杆之间的间隙进入燃烧室，也就是说，气门油封能防止发动机烧机油。

气门油封是配气机构气门组的重要零件之一，在高温下与汽油和机油相接触，因此，需要采用耐热性和耐油性优良的材料，一般为氟橡胶制作。

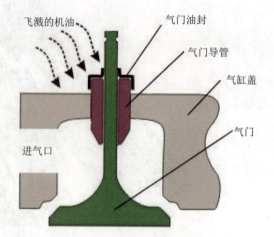

飞溅的机油　气门油封　气门导管　气缸盖　气门　进气口

气门油封安装位置示意图

气门油封

3-20

气门摇臂是杠杆吗？

凸轮轴控制发动机"呼吸"的方式有两种，一种是凸轮轴直接控制液压挺柱来开启或关闭各缸的进、排气门；另一种是通过摇臂来压下各缸的进、排气门。其摇臂的工作原理相当于杠杆原理，也就是说，摇臂的中间不动，则其两端的运动方向正好相反；或摇臂的一端不动，则凸轮轴作用在摇臂上，在凸轮轴凸轮压力的作用下，摇臂的另一端被压下而打开进气门或排气门。

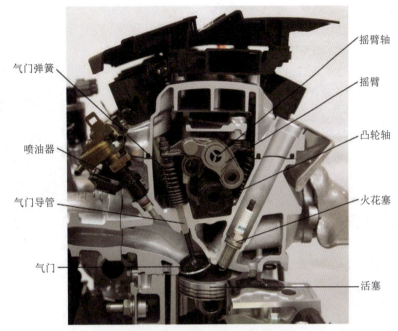

气门弹簧
喷油器
气门导管
气门

摇臂轴
摇臂
凸轮轴
火花塞
活塞

摇臂中间不动原理示意图

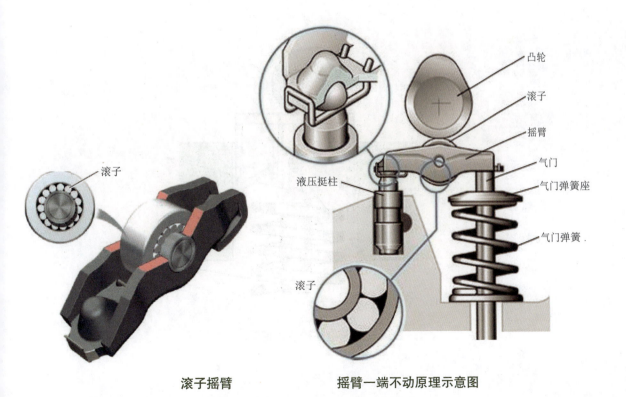

滚子

凸轮
滚子
摇臂
气门
气门弹簧座
气门弹簧

液压挺柱
滚子

滚子摇臂　　　　**摇臂一端不动原理示意图**

第三章　配气机构

3-21

什么是液压挺柱?

液压挺柱的工作主要依靠机油压力、挺柱体与座孔间隙、气门杆与挺柱间隙及挺柱内止回球阀。

液压挺柱刚开始工作时,由于腔内无油压,故挺柱柱塞处在最底部,挺柱与气门间隙较大,气门产生短时异响。

随着发动机的运转,在机油压力的作用下,挺柱内高压油腔充注油液,柱塞下行,挺柱有效工作长度增加,气门间隙减小。由于挺柱内柱塞所产生的力较小,不能产生压缩气门弹簧的力量,所以,当柱塞与气门杆尾部接触时,挺柱不再运动。同时,又因挺柱内止回球阀的作用,高压油腔内的油压不能迅速排出,使得柱塞保持在原位不动并维持原有长度形成刚性,从而推动气门打开,实现无间隙传动。

液压挺柱

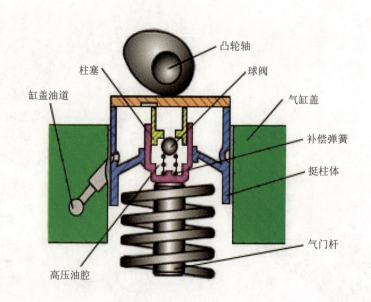

液压挺柱构造原理图

3-22

推杆是筷子吗？

在底置凸轮轴 OHV 中，由于凸轮轴在缸体的下部，而气门位于气缸盖上，气门和凸轮轴之间的距离"很远"，这就要求有一个部件能在二者之间实现动力传递，因此，也就有了推杆的发展空间。由于气门推杆细又长，和我们使用的筷子差不多，所以，人们形象地将其称为配气机构中的"筷子"。

底置凸轮轴的发动机一般都是大排量、低转速、追求大转矩输出，因为底置凸轮轴是依靠曲轴带动，然后凸轮与气门摇臂采用一根推杆来连接，是凸轮顶起推杆，推杆推动摇臂来实现发动机气门的开闭，所以，过高的转速会使推杆承压过大以致折断。但是，这种用推杆的设计，也有它的优点：结构简单，可靠性高、发动机重心低、成本低等。

第三章　配气机构

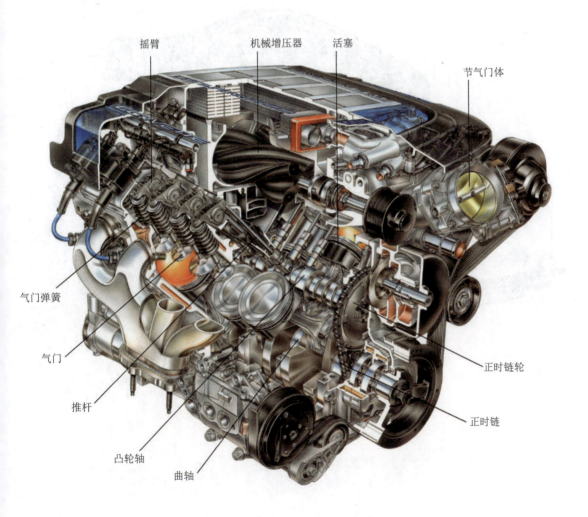

摇臂　机械增压器　活塞　节气门体

气门弹簧

气门

推杆

凸轮轴

曲轴

正时链轮

正时链

底置凸轮轴发动机构造图

3-23

为什么称为歧管?

　　首先说进气歧管,其位于节气门与发动机进气门之间,之所以称为歧管,是因为空气进入节气门后,经过歧管缓冲后,空气流道就在此"分歧"了,对应发动机气缸的数量,如四缸发动机就有四道,六缸发动机就有六道,将空气分别导入各气缸中。同样道理,大家也就明白了为什么称为排气歧管了。

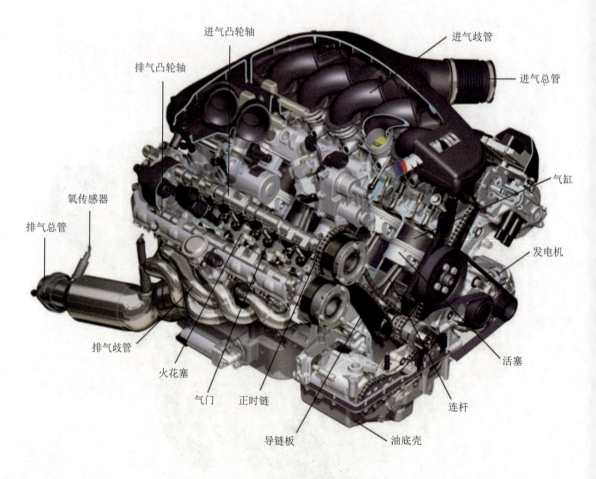

进气凸轮轴
进气歧管
排气凸轮轴
进气总管
气缸
氧传感器
发电机
排气总管
活塞
排气歧管
火花塞
气门
正时链
连杆
导链板
油底壳

发动机构造剖视图

第四章
润滑系统

如果发动机有生命，润滑系统就是它的"血液循环系统"，是它保证了发动机的正常运行。人们的血液有A型、B型、O型等，发动机的"血液"也一样，也有血型。在进行发动机"换血"时，应按照说明书上要求加注合适血型的血液，要不然，发动机也可能就不能正常工作了。

4-1

润滑系统包括哪些部件？

发动机工作时，各运动零件均以一定的力作用在另一个零件上，并且发生高速的相对运动，有了相对运动，零件表面必然要产生摩擦，加速磨损。因此，为了减轻磨损，减小摩擦阻力，延长使用寿命，发动机上都必须有润滑系统。

润滑系统的功用就是在发动机工作时连续不断地把数量足够、温度适当的洁净机油输送到全部传动件的摩擦表面，并在摩擦表面之间形成油膜，实现液体摩擦，从而减小摩擦阻力、降低功率消耗、减轻机件磨损，以达到提高发动机工作可靠性和耐久性的目的。其润滑方式有压力润滑、飞溅润滑、润滑脂润滑三种方式。

润滑系统主要包括集滤器、机油泵、机油滤清器及机油冷却器等。

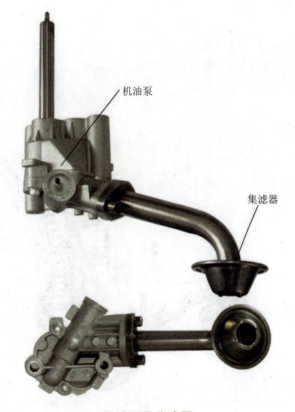

机油泵

集滤器

机油泵及集滤器

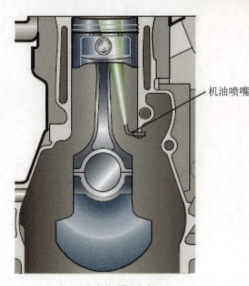

压力润滑活塞

喷嘴及活塞

4-2

机油泵是如何工作的？

　　机油泵是润滑系统的动力源，用来将油底壳内的机油加压并将其输送到发动机的运动部位。发动机上广泛采用齿轮式和转子式机油泵。

　　当发动机工作时，曲轴上的链轮通过传动链带动机油泵的链轮，使固定在主动齿轮轴上的主动齿轮旋转，从而带动从动齿轮做反方向的旋转，将机油从进油腔沿齿隙与泵壁输送至出油腔。这样，进油腔处便形成低压而产生吸力，把油底壳内的机油吸入进油腔。由于主、从动齿轮不断地旋转，机油便不断地被压送到需要润滑的部位。

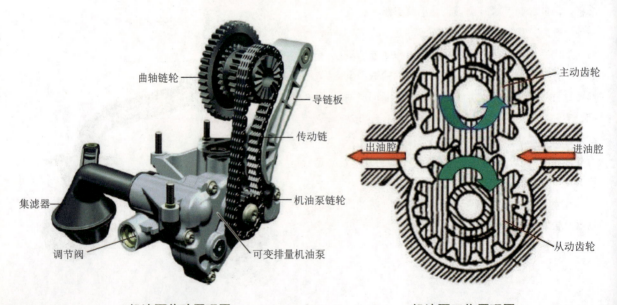

机油泵传动原理图　　　　　机油泵工作原理图

4-3

为什么机油要散热?

在大功率的强化发动机上，由于热负荷大，必须装用机油冷却器。发动机运转时，由于机油黏度随温度升高而变小，降低了润滑能力。因此，有些发动机装用了机油冷却器，其作用是降低机油温度，保持机油一定的黏度，使油温在正常工作范围之内。机油冷却器布置在润滑系统循环油路中。

机油滤清器

机油冷却器

机油滤清器/冷却器模块

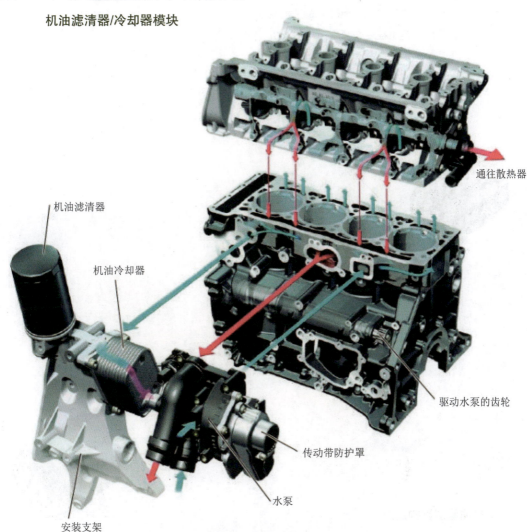

机油滤清器

机油冷却器

通往散热器

驱动水泵的齿轮

传动带防护罩

水泵

安装支架

机油冷却原理图

4-4

为什么机油要过滤?

在发动机工作过程中,金属磨屑、灰尘、高温下被氧化的积炭和胶状沉淀物等不断地混入机油中,这样,就会加速润滑表面的磨损,因此,在发动机润滑系统的油路上安装了几个具有不同滤清能力的滤清器,时刻对机油进行过滤。

现代轿车发动机上普遍只设有一个集滤器和一个全流式机油滤清器。集滤器位于油底壳内,浸在机油中,用于滤除机油中较大的杂质。而机油滤清器一般安装在发动机的缸体上,即串联在润滑系统的主油道上,用于滤除粒径为 0.001mm 以上的细小杂质。

虽然滤清器能对机油进行过滤,但时间长了机油也会变脏,因此,行驶一定里程后必须更换机油及机油滤清器。

机油滤清器

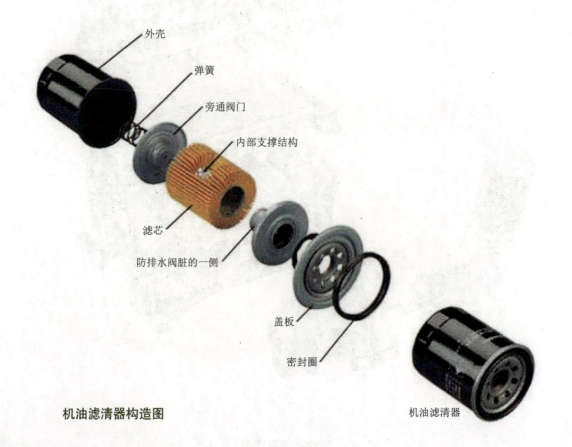

外壳
弹簧
旁通阀门
内部支撑结构
滤芯
防排水阀脏的一侧
盖板
密封圈

机油滤清器构造图

机油滤清器

4-5

发动机是如何润滑的？

　　汽车发动机里凡是有相互接触并且有相互运动的部件之间都需要润滑，而润滑的介质就是机油，它平时就储存在发动机最下端的油底壳内。当发动机工作时，通过曲轴带动机油泵将机油从油底壳内抽上来，利用机油泵的压力将机油送往润滑部位，如曲轴主轴颈、连杆轴颈及凸轮轴等，我们称之为压力润滑。

　　由于曲轴的高速运转，曲拐每次高速浸入油池内都会激起一定的油花和油雾，对曲轴、轴瓦和气缸壁等进行润滑，我们称之为飞溅润滑。

　　在发动机里压力润滑和飞溅润滑同时存在，以满足不同部位的润滑需要，保证发动机的正常工作。

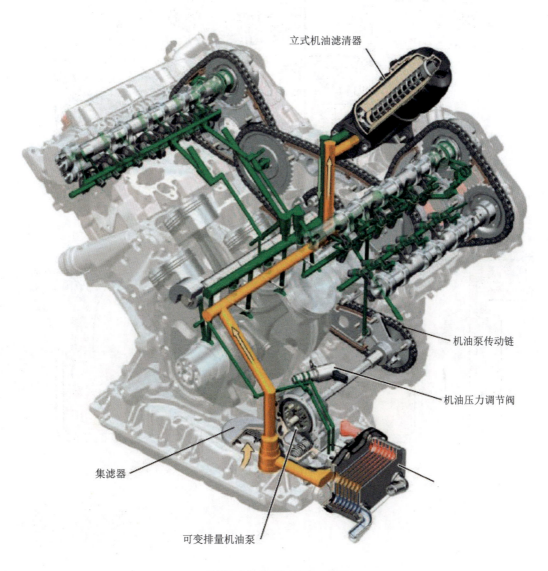

立式机油滤清器

机油泵传动链

机油压力调节阀

集滤器

可变排量机油泵

V形发动机润滑系统示意图

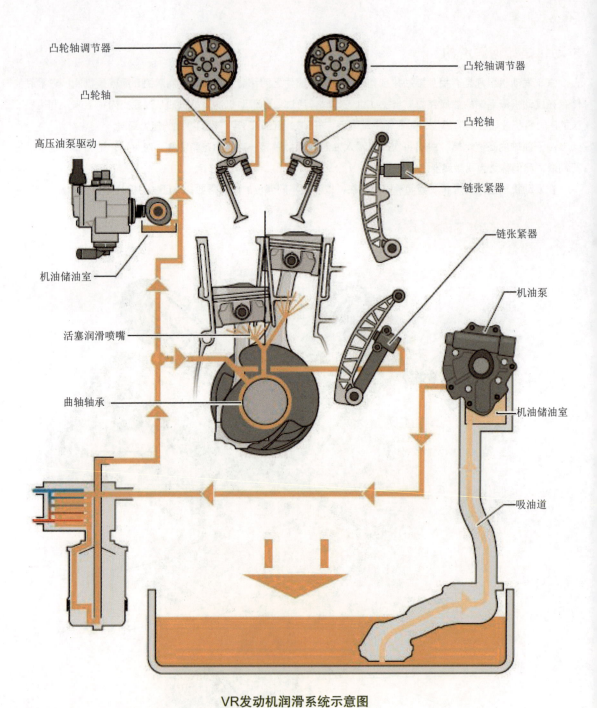

凸轮轴调节器

凸轮轴

高压油泵驱动

机油储油室

活塞润滑喷嘴

曲轴轴承

凸轮轴调节器

凸轮轴

链张紧器

链张紧器

机油泵

机油储油室

吸油道

VR发动机润滑系统示意图

4-6

如何进行机油液面检查？

　　发动机要有机油润滑，但并不是有就行，是既不能多，也不能少。如果机油不足，对发动机零件会造成严重的伤害；如果机油过多，又会造成烧机油和燃烧室积炭，降低发动机动力。每辆车都有机油尺，目的就是让车主检查油量。简简单单的一根长铁条，可不是随便拉出来看看就能正确判断油量的多少。

　　那么，你平时是如何检查机油尺的呢？定期检查一次机油尺是很有必要的，能及时发现隐患，并且也不费事。正确的检查方法是要注意检查的条件，不要在车子发动的时候检查。检查时要把车停在平整的路面上，拉紧驻车制动手柄，起动发动机（或者行驶后），达到正常工作温度时关掉发动机，等几分钟，让机油流回油底壳。这时，再取出机油尺，将其擦干净后插回，重新取出检查机油油位，若在机油尺下端的上线和下线标记之间，则表示油量正常。若低于下线，就要适量添加机油。

① ② ③ ④

机油液面检查

第四章　润滑系统

4-7

挡油板能防止油面波动吗?

这里面所说的挡油板是油底壳内的挡油板,那么,我们首先了解一下油底壳。

油底壳的主要功能是存储机油并封闭曲轴箱,一般采用薄钢板冲压而成,其形状决定于发动机的总体布置和机油的容量。为了保证在发动机纵向倾斜时机油泵能正常吸到机油,油底壳后部一般做得较深。另外,内部还设有挡油板,防止汽车行驶时油面波动过大。

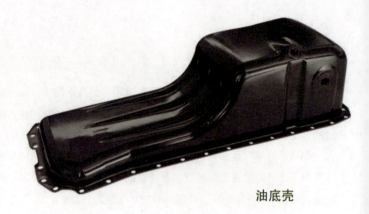

油底壳

油底壳

油底壳

4-8

什么是湿式油底壳?

在市面上见到的大多数车都是湿式油底壳，之所以称为湿式油底壳是由于发动机的曲轴曲拐和连杆大头在曲轴每旋转一圈都会浸入油底壳的机油内一次，起到润滑作用。

在湿式油底壳润滑系统中，所有的机油都保存在油底壳中。单级机油泵将机油从湿式油底壳中经集滤器抽出，在其冷却下来并过滤后立即送入发动机润滑油道。由于湿式油底壳要保存所有的机油。因而，它的体积较大，会增加发动机的总体高度。

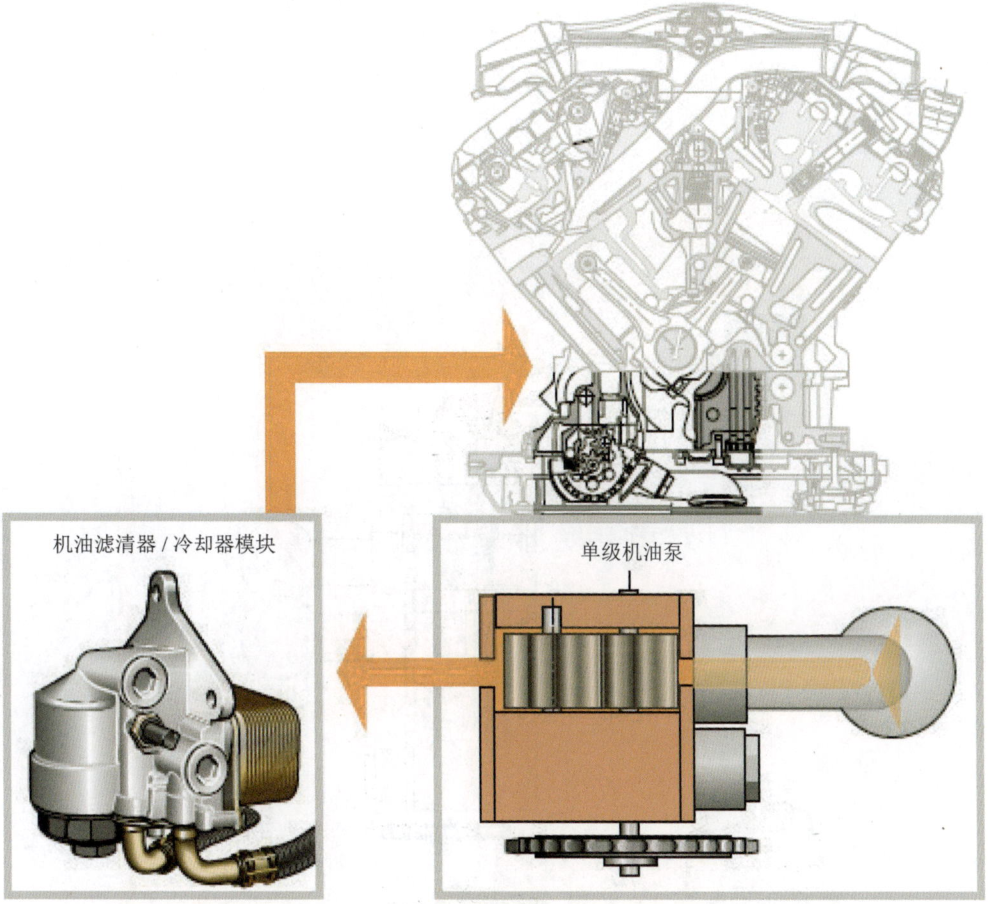

湿式油底壳原理图

4-9

干式油底壳有什么优势？

在介绍一些高性能轿车和跑车的时候，我们经常看到干式油底壳这样的字眼，仿佛干式油底壳逐渐成为高档车的一个重要标志。那么，它到底有什么优势呢？

湿式油底壳存在一个较大的问题，就是当车辆在极限行驶状态下时，例如，高速过弯或者极限越野中，发动机内的机油由于离心力或者重力而聚集于油底壳的一个局部，导致部分曲拐不能浸入油内，润滑不良而使发动机损坏。面对如此严重的问题，一些设计者找到了解决办法，那就是干脆取消在发动机底部安装容器，而是在外部独立安装一个机油箱，采用机油泵对曲轴和连杆系统进行压力润滑，这就是所谓的干式油底壳。

在干式油底壳润滑系统中，所有机油都保存在一个附加的外部机油箱中，而不是油底壳中。为此，机油泵设计成三级式。泵的两级在油底壳的不同位置抽取流回发动机的机油，然后泵入机油箱。第三级（泄放级）将机油从机油箱中抽出，然后通过机油冷却器与机油滤清器立即送入发动机润滑油道。由于储油量较小，此种油底壳可以很小很薄，这样发动机的总体高度会较低，也就使发动机重心得到降低，从而使车辆的整体操控性得到一定程度的提升。

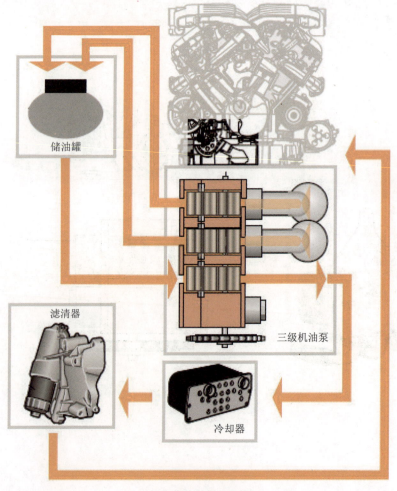

储油罐

滤清器

三级机油泵

冷却器

干式油底壳原理图

第五章
冷却系统

如果发动机有生命，冷却系统就是它的"体温调节系统"，是冷却系统保证了发动机有合适的"体温"。如果发动机长时间"高烧"不退，发动机有可能会因烧轴、抱瓦而瘫痪。

5-1

冷却系统包括哪些部件?

冷却系统的主要功用是把受热零件吸收的部分热量及时散发出去，保证发动机在最适宜的温度状态下工作。

汽车发动机的冷却系统为强制循环水冷系统，即利用水泵提高冷却液的压力，强制冷却液在发动机中循环流动。冷却系统主要由水泵、散热器、冷却风扇、膨胀水箱、节温器、发动机气缸体和气缸盖中的水套及附属装置等组成。

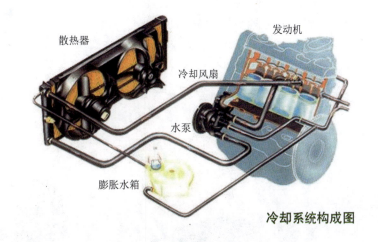

散热器　发动机　冷却风扇　水泵　膨胀水箱

冷却系统构成图

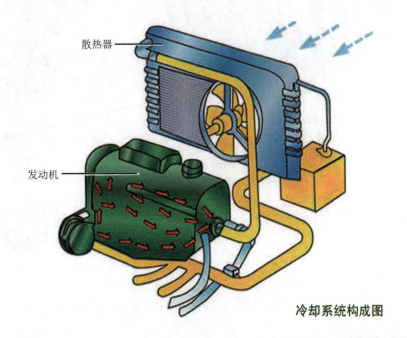

散热器　发动机

冷却系统构成图

5-2

水泵是如何工作的？

　　水泵是发动机水冷却系统的动力源，它的作用是泵送冷却液，使冷却液在发动机水套和散热器内快速流动，以带走发动机工作时产生的热量，保持发动机正常的工作温度。那么，水泵是如何工作的呢？发动机通过带轮带动水泵叶轮转动，水泵中的冷却液被叶轮带动一起旋转，在离心力的作用下被甩向水泵壳体的边缘，同时产生一定的压力，然后从出水口流出。叶轮的中心处由于冷却液被甩出而压力降低，散热器内的冷却液在水泵进水口与叶轮中心的压差作用下经水管被吸入叶轮中，实现冷却液的往复循环。

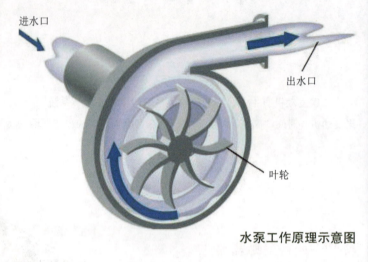

进水口　出水口　叶轮

水泵工作原理示意图

驱动水泵示意图

风冷发动机

5-3

发动机有几种冷却方式？

发动机的冷却方式有水冷却和风冷却两种。

所谓风冷发动机，其实就是没有冷却系统的发动机，依靠驾驶时的自然风吹过发动机表面带走热量。为了增加与风接触的散热面积，气缸表面增加了散热片以提高散热能力。摩托车的发动机大都采用风冷发动机。

汽车都采用强制水冷式发动机。水冷发动机配置了散热器，用于吸收、散发发动机的热量，并且水冷发动机的气缸盖和气缸体中都铸有相互连通的水套。

风冷发动机

5-4

节温器有什么作用?

　　节温器是根据冷却液温度的高低自动调节进入散热器的冷却液量,改变冷却液的循环范围,以调节冷却系统的散热能力,保证发动机在合适的温度范围内工作。

　　冷车着车后,发动机在渐渐升温,冷却液的温度还无法打开系统中的节温器,此时的冷却液只是经过水泵在发动机内进行小循环,目的是使发动机尽快地达到正常工作温度。随着发动机的温度升高,冷却液温度升到了节温器的开启温度(通常温度在80℃后),冷却液便开始了大循环,这时候的冷却液从发动机出来,经过车前端的散热器散热后,再经水泵进入发动机。

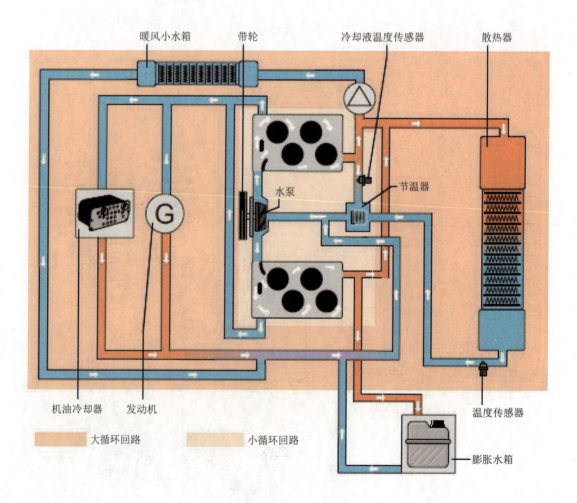

节温器控制原理示意图

5-5

为什么要有膨胀水箱？

　　膨胀水箱是发动机冷却系统的部件，就是加冷却液的那个小壶，一般是圆形的，也有别的形状，具体要看车型，它一般安装在发动机舱靠近防火墙的角上，通过一根细管与散热器相连。

　　膨胀水箱的作用是补充冷却液和缓冲"热胀冷缩"的变化，所以，不要加液过满。当冷却液温度升高时，压力升高、体积膨胀，散热器里盛不下的冷却液会通过细管进入膨胀水箱，防止散热器压力过高；当冷却液温度降低时，膨胀水箱内的冷却液再流回散热器，因此，可将其看作一个缓冲器。另外，它还是检查冷却液液位的地方，上面标有刻度。

膨胀水箱安装位置示意图

5-6

散热器是热交换器吗?

　　散热器是水冷发动机冷却系统中不可缺少的重要部件。目前,正朝着轻型、高效、经济的方向发展。

　　散热器负责冷却液的冷却,它的水管和散热片多用铝材制成。铝制水管做成扁平形状,散热片带波纹状,注重散热性能,安装方向垂直于空气流动的方向,尽量做到风阻要小,冷却效率要高。冷却液在散热器芯内流动,空气在散热器芯外通过,热的冷却液由于向空气散热而变冷,冷空气则因为吸收冷却液散发的热量而升温,因此说散热器是一个热交换器。

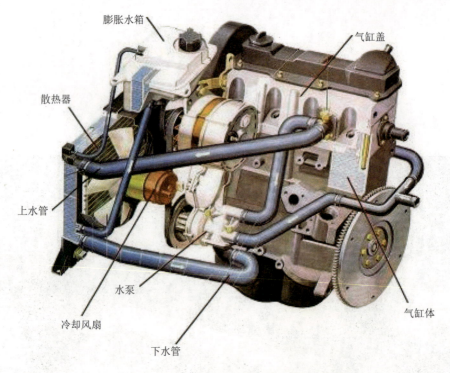

膨胀水箱　气缸盖　散热器　上水管　水泵　冷却风扇　下水管　气缸体

散热器安装位置示意图

5-7

防冻液能防止开锅吗?

　　防冻液的全称为防冻冷却液,从名字上就可以看出它有两项主要的功能:第一就是防冻,第二为冷却。防冻液可以防止车辆在寒冷冬季停车时冷却液结冰而胀裂车辆的冷却系统,而在夏天则可以防止"开锅"。

　　我们常说的"开锅"是指发动机散热器中的冷却液达到沸点,并产生大量水蒸气,正如家中烧开水一样。由于冷却液温度达到了沸点,会产生大量气泡,冷却系统中一部分面积被气泡所占据,就会使气缸壁周围严重缺少冷却液,从而使得发动机的冷却效率降低,会使活塞、活塞环、连杆等部件的强度变小甚至变形,承受不了正常的负荷，同时也会破坏各零件间的正常间隙，使零件间不能保持正常的油膜，轻则会使发动机拉缸、拉瓦，重则还会使整个发动机损坏甚至报废。

　　防冻液除了防冻之外，还有一个特性就是沸点高。我们都知道发动机的正常工作温度在 85 ~ 115℃之间，水的沸点为 100℃，而防冻液的沸点一般都在 110 ~ 120℃，这对保护发动机、防止"开锅"有明显的作用。

防冻液

防冻液

防冻液

第五章　冷却系统

冷却风扇是抽风吗?

在日常生活中,经常会有人问,散热器的冷却风扇是对着散热器吹还是对着发动机吹?其实,冷却风扇既不是对着散热器吹,也不是对着发动机吹,而是对着散热器抽风,这就和汽车行驶产生的风向相同。

往回抽风是不是热风就吹到发动机上啦?散热器的冷却风扇流量很大,大量的空气在经过散热器时每立方米空气带走不到10大卡的热量,虽然散热器冷却了,但流过的空气却没升温多少,而此风还可以吹到发动机上进行二次降温。此时,较热的空气从空隙流到车底而实现散热。

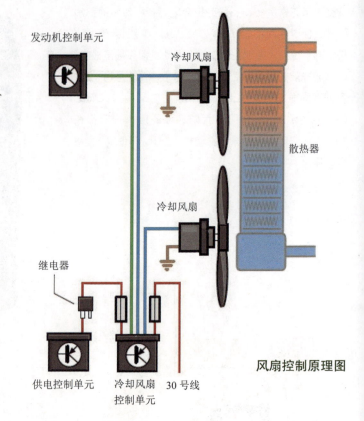

发动机控制单元 / 冷却风扇 / 散热器 / 冷却风扇 / 继电器 / 供电控制单元 / 冷却风扇控制单元 / 30号线

风扇控制原理图

空气流动示意图

5-9

什么是电控冷却系统?

发动机的性能要依靠适当的冷却。若在部分负荷时,冷却液温度较高一些,则能降低燃油消耗及有害物质的排放;若在全负荷时,冷却液温度较低一些,则进气加热作用较小,能提高发动机的性能,增加动力输出。若能依据发动机的负荷使发动机在该状态下有一个适宜的温度,即按照存储在发动机控制单元内的特性曲线,通过电加热的节温器和散热器风扇调速挡将工作温度调节到最佳。这样,冷却系统就能适应所有发动机功率和负荷状态,并能较大地改善发动机的性能并减少有害物质的排放,于是,电控冷却系统应运而生。

电控冷却系统主要包括发动机控制单元、冷却液温度传感器、冷却风扇、节温器、冷却液分配单元、冷却液控制单元等。

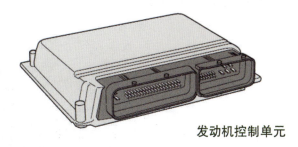

发动机控制单元

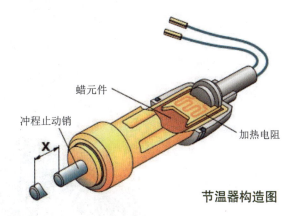

蜡元件

冲程止动销

X

加热电阻

节温器构造图

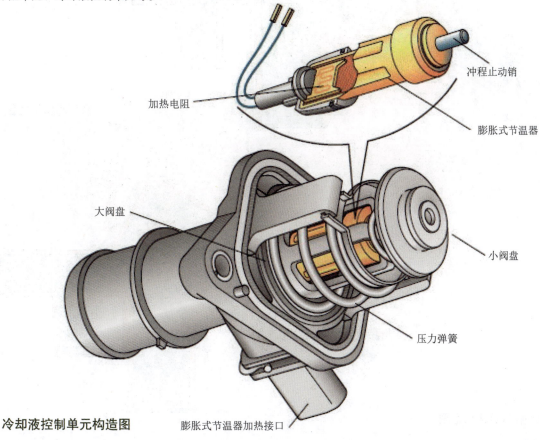

加热电阻

冲程止动销

膨胀式节温器

大阀盘

小阀盘

压力弹簧

冷却液控制单元构造图　　　膨胀式节温器加热接口

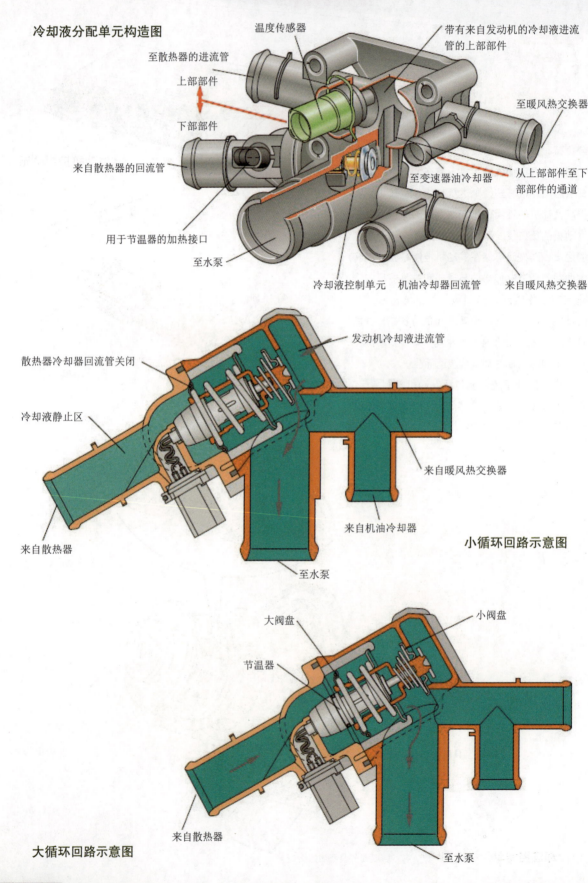

冷却液分配单元构造图

温度传感器

至散热器的进流管

上部部件

下部部件

来自散热器的回流管

用于节温器的加热接口

至水泵

冷却液控制单元

机油冷却器回流管

来自暖风热交换器

带有来自发动机的冷却液进流管的上部部件

至暖风热交换器

从上部部件至下部部件的通道

至变速器油冷却器

散热器冷却器回流管关闭

冷却液静止区

来自散热器

至水泵

发动机冷却液进流管

来自暖风热交换器

来自机油冷却器

小循环回路示意图

大阀盘

小阀盘

节温器

来自散热器

至水泵

大循环回路示意图

第六章
供给系统

如果发动机有"生命"，供给系统就是它的"胃"，是它的消化系统。人们的胃差别较小，但发动机则不同，我们说大排量发动机的"胃口"大，"吃"的当然也就多了，汽车跑起来也就有劲，但你也要为它的"吃喝"付出更多的金钱。

油箱及汽油泵

6-1

供给系统包括哪些部件？

供给系统的任务是根据发动机各种不同工况的要求，将燃油和空气混合成一定浓度的可燃混合气，并按需要输送到各缸燃烧室内进行燃烧，并将燃烧生成的废气排出发动机。供给系统主要包括燃油供给系统和空气供给系统两部分。

燃油供给系统由油箱、汽油泵、汽油滤清器、油管和喷油器等组成。

空气供给系统由空气滤清器、进气歧管、排气歧管和排气消声器等组成。

6-2

汽油泵是动力源吗?

现在电控发动机采用的都是电动汽油泵,装在油箱内,浸在汽油中,它的主要任务是供给燃油系统足够的且有一定压力的汽油,是供给系统的动力源。

电动汽油泵的结构由泵体、永磁电动机和外壳三部分所组成。永磁电动机通电即带动泵体旋转,将汽油从进油口吸入,流经电动汽油泵内部,再从出油口压出,供给燃油系统。汽油流经电动汽油泵内部,对永磁电动机的电枢起到冷却作用,又称湿式汽油泵。因此,及时加油是延长汽油泵使用寿命的有效方法。

电动汽油泵的附加功能由限压阀和单向阀完成。限压阀可以避免燃油管路阻塞时压力过分升高,而造成油管破裂或汽油泵损伤现象发生。单向阀设置的目的是为了在汽油泵停止工作时密封油路,使燃油系统保持一定残压,以便发动机下次起动容易。

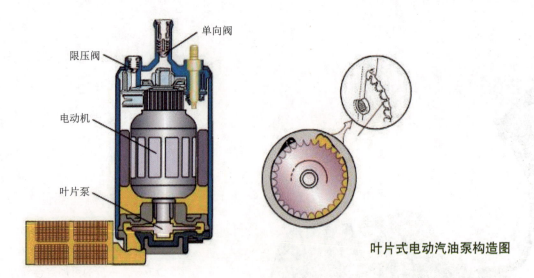

叶片式电动汽油泵构造图

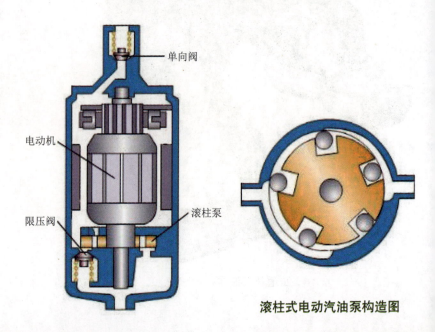

滚柱式电动汽油泵构造图

6-3

为什么要有汽油滤清器?

汽油滤清器又名汽油格。一般汽油中都存在各种杂质，油箱长时间使用也会沉淀一定的污垢，以上原因都会影响汽油质量。汽油滤清器的任务是过滤上述杂质，油箱内的汽油经过汽油滤清器的过滤到达发动机的燃烧室，其清洁纯度可以得到有效保障。

根据材料不同，汽油滤清器可分为铁质和塑料的。大多数车采用外置式汽油滤清器，即安装在汽车大底下。而汽

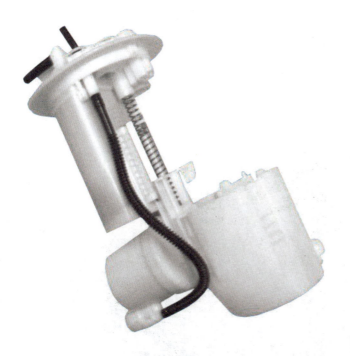

内置式汽油泵总成

第六章　供给系统

油滤清器内置，是目前最环保、最科学、最安全、最节油的一种发展方向。内置式的汽油滤清器是安装在油箱内，和汽油泵组装在一起组成汽油泵总成，当然更换起来相对就麻烦些。

目前，多数发动机上装的都是一次性不可拆洗式的纸质滤芯汽油滤清器，更换周期一般为10000km，如果你加的汽油杂质少，15000 ~ 20000km 更换一个也问题不大。汽油滤清器有进、出油口箭头标记，更换时切勿装反。

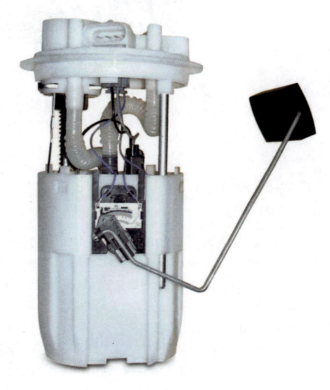

内置式汽油泵总成

6-4

发动机有几种供油方式?

发动机的工作需要燃烧混合气做功,而将燃油与进入发动机的空气混合的方式就是供油方式。

汽车发动机燃油供给方式主要分为四种:化油器、单点喷射、多点喷射和缸内直喷。

化油器

6-5

如何控制喷油量?

可以这样认为,进入气缸内的进气量越多,发动机越有劲。早期的化油器车,利用的是节气门控制进气量,节气门开度越大,流经化油器的空气就越多。因此,吸入气缸内的可燃混合气也越多,发动机的功率就越大。而现在的车辆都是电控发动机了,那么,喷油量又是如何控制的呢?就是用空气流量计控制。

空气流量计是安装在空气滤清器和节气门之间的一个装置,用于检测发动机的进气量,并将进气量信号转换成电压信号传送给发动机 ECU,ECU 利用此信号并根据标准空燃比计算出喷油量。空气流量计有

多种形式,如翼板式空气流量计、卡门涡旋式空气流量计、热线式空气流量计和热膜式空气流量计。

现代轿车广泛采用第六代热膜式空气流量计,它用两个温度传感器用来识别空气的流动方向:

1)吸入的空气首先经过温度传感器 1。

2)从关闭的气门回流的空气首先经过温度传感器 2。

与加热电阻合用,发动机控制单元就可计算出吸入空气中的氧含量。

插头

传感器电子装置

吸入的空气

旁通气道

热膜式空气流量计构造图

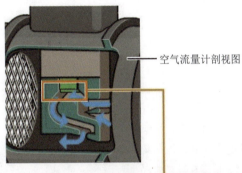

空气流量计剖视图

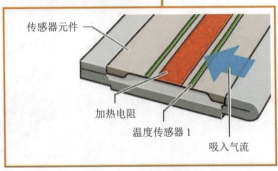

传感器元件

加热电阻

温度传感器 1

吸入气流

吸入空气的测量

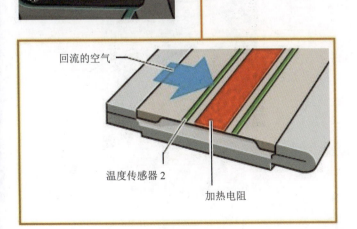

回流的空气

温度传感器 2

加热电阻

回流空气的测量

第六章　供给系统

6-6

无回油系统有什么优势?

无回油管的燃油供给系统没有从燃油导轨到燃油箱之间的回油管,也没有压力调节器,取而代之的是油泵上的压力控制阀,其作用可保证燃油导轨内的压力为一恒定值,这种情况下,喷油时间要根据负荷进行修正。无回油管的燃油供给系统设计目的是防止燃油流动升温,造成燃油蒸发过多。

6-7

如何实现分层燃烧?

很多人会混淆燃油直喷技术、稀薄燃烧和分层燃烧三者。其实,稀薄燃烧的意思是指在气缸内汽油远远少于空气的意思;分层燃烧是指气缸内的混合气的浓度是不同的,有些地方浓,有些地方稀,两者都是燃烧理论。而因为理论在试验中得到了验证,就开发出了燃油直喷技术,为的就是实现前两个燃烧理论。

那么,如何实现分层燃烧呢?首先,发动机在进气行程时,ECU控制喷油器进行一次小量的喷油,使气缸内形成稀薄混合气。在活塞压缩行程末了时再进行第二次喷油,这样,在火花塞附近形成浓度相对较高的混合气区域,然后利用这部分较浓的混合气引燃气缸内的稀薄混合气,从而实现气缸内的稀薄燃烧,这样可以用更少的燃油达到同样的燃烧效果,进一步降低发动机的油耗。

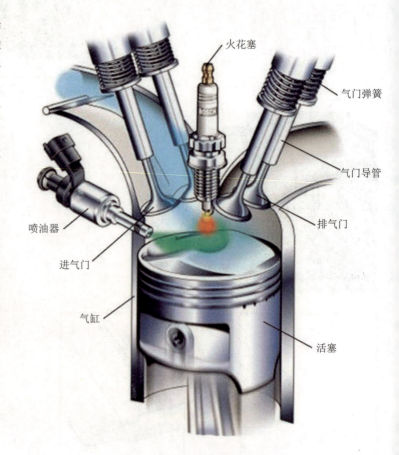

分层燃烧原理示意图

火花塞
气门弹簧
气门导管
排气门
活塞
气缸
进气门
喷油器

什么是均质燃烧？

　　由于汽车发动机不是匀速运转的，时而怠速，时而加速，时而又要巡航，其实针对不同的工作状况，发动机的燃烧控制都不相同。而在燃油直喷技术中，只有在节气门开度小的情况下才会实现稀薄燃烧和分层燃烧，在节气门开度大的时候，发动机依然采用，或者说必须采用传统的油气混合方式，即我们所说的均质燃烧，以保证功率的输出。

　　均质燃烧可以理解为普通的燃烧方式，即燃油和空气混合形成一定浓度的可燃混合气，整个燃烧室内混合气的浓度是相同的，经火花塞点燃燃烧。均质燃烧的混合气形成时间较长，燃油和空气可以得到充分的混合，燃烧更均匀，从而获得较大的输出功率。

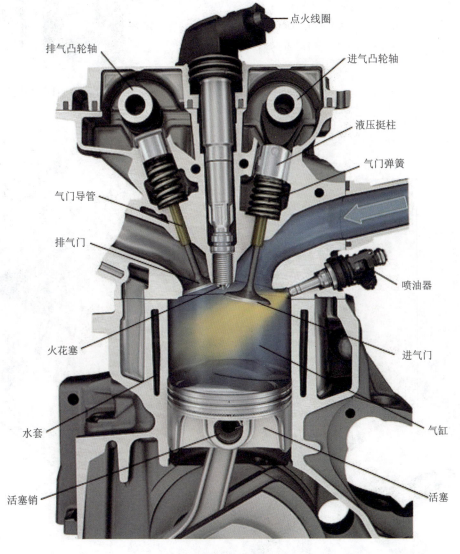

均质燃烧原理示意图

6-9

缸内直喷有什么优势？

　　传统的发动机（缸外喷射）是在进气歧管中喷油，再与空气混合形成可燃混合气，最后才进入到气缸内的。在此过程中，因为喷油器离燃烧室还有一定距离，微小的油粒会吸附在管道壁上，而且汽油与空气的混合受进气气流和气门开闭影响较大。

　　缸内直喷是将喷油器安装在气缸盖上，直接将燃油喷射在气缸内，在气缸内燃油与空气混合。发动机 ECU 可以根据吸入的空气量精确地控制燃油的喷射时刻和喷射量。高压（40 ～ 110bar）的燃油喷射系统可以使油气能够在整个气缸内充分、均匀地混合，从而使燃油充分燃烧，能量转化效率更高。

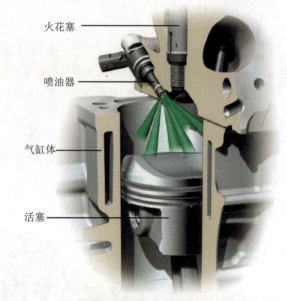

缸内直喷原理示意图

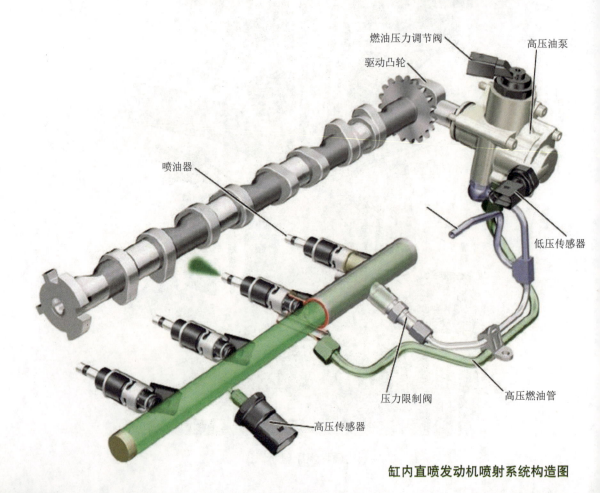

缸内直喷发动机喷射系统构造图

点火线圈
机油口盖
进气凸轮轴
摇臂
排气凸轮轴
气门弹簧
正时齿轮
机油尺
活塞
气缸
正时带
机油冷却器
活塞销
机油滤清器
曲轴
油底壳
机油泵

缸内直喷发动机构造图

第六章 供给系统

6-10

什么是混合喷射?

　　混合喷射是将缸内直喷技术和进气歧管喷射技术相结合,从而使一个气缸有两个喷油器。在低负荷工况下,安装在进气歧管处的喷油器在进气行程时会打开喷孔进行喷油,这个过程与普通多点电控发动机相同;而在大负荷工况下,直喷系统会全权代理气缸的喷油工作。为什么会是这样的安排?缸内直喷不是比进气歧管喷射更精准吗?怎么反而直喷还要依靠普通喷射来达到更好的燃烧效果呢?

　　在小负荷的工况下,通过直喷系统释放到气缸内的燃油虽然已经达到了很好的雾化效果,但由于气缸的进气量不够充分,以至于在气缸内无法形成最佳的空燃比,从某种角度来说,混合气是处于偏浓的状态。而在进气阶段,通过位于进气歧管处的喷油器进行少量喷油,这样,在燃油被输送至气缸内的途中便可进行与空气的混合,待这部分混合气进入气缸时,缸内直喷系统再根据发动机工况需求进行混合气加浓的工作。采用这样的设计还有另一个目的,我们都知道直喷技术可以使燃油达到更好的雾化效果,提高燃烧效率,但因此而产生的副作用也很明显。由于温度过高,气缸内存留的氮、氧会发生强烈的反应形成氮氧化合物,这对尾气排放的影响很恶劣,无形中加重了三元催化转换器的负担,而传统的进气歧管喷射则可以最大限度地弥补直喷系统的缺陷。

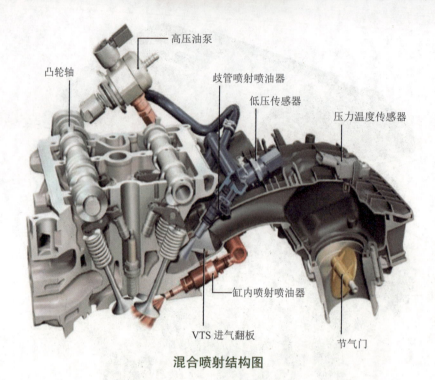

凸轮轴

高压油泵

歧管喷射喷油器

低压传感器

压力温度传感器

缸内喷射喷油器

VTS 进气翻板

节气门

混合喷射结构图

歧管喷射喷油器

缸内喷射喷油器

混合喷射结构图

6-11

什么是空燃比？

发动机是通过燃烧汽油，将热能转化为机械能。可是一次燃烧到底需要多少空气呢！于是人们引入了一个概念叫做"空燃比"。什么意思呢，就是空气的重量除以汽油的重量，用 A/F 表示。这个比值是发动机运转时的一个重要参数，它不仅对排放出来的尾气的成分有重要的影响，同时也对发动机的动力性和经济性有很重要的影响。

通过分析汽油的成分，我们发现大多数的汽油机当 $A/F = 14.7$ 的时候，汽油刚好燃烧完成，我们将这个比值称为"理论空燃比"。如果混合气中汽油含量过高，我们就称之为"混合气过浓"；如果混合气中空气含量过高，我们称为"混合气过稀"。

混合气燃烧

6-12

油箱是密闭的吗？

油箱可看作汽车的大肚腩，它由箱体和油箱盖组成，用来储存汽油，其容量视车辆大小和发动机排量而定。对于一般汽车而言，装满一箱油，应至少行驶 300km 以上。

油箱通常是密闭的，这样可防止汽油因激荡而溅出及油箱内汽油蒸气的逸出。为防止密闭的汽油箱内真空度或压力过大，油箱盖上常带有空气阀和蒸气阀。

油箱中的沉淀物过多，大量杂质进入油管内，会加速滤清器脏污堵塞和精密偶件的磨损，影响发动机的正常使用。因此，定期清除油箱中的沉淀物，保持油箱内的清洁是十分必要的。

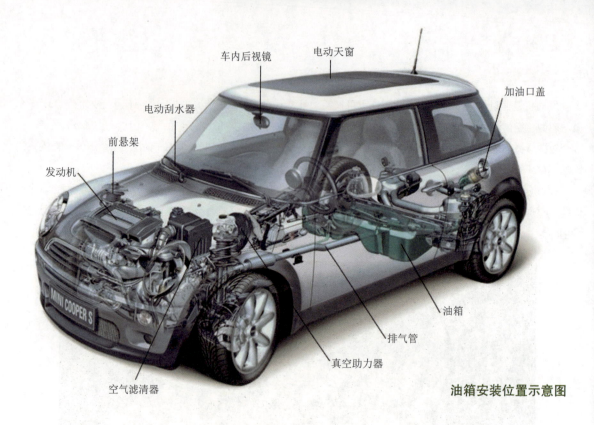

车内后视镜
电动天窗
电动刮水器
前悬架
发动机
加油口盖
油箱
排气管
真空助力器
空气滤清器

油箱安装位置示意图

加油口盖
电动后视镜
发动机
油箱

油箱安装位置示意图

高压喷油器

6-13

喷油器是如何工作的？

　　喷油器是电控发动机的关键部件之一，它的工作好坏将严重影响发动机的性能。那么，它有什么作用？是如何工作的呢？

　　喷油器其实就是个简单的常闭电磁阀，当电磁线圈通电时，产生吸力，针阀被吸起，打开喷孔，燃油经针阀头部的轴针与喷孔之间的环形间隙高速喷入进气歧管或气缸内，形成雾状，以利于燃烧充分。实际上，喷油器的工作原理和我们常见的喷雾器是一个原理，都是通过加压使液体高速喷出。

　　喷油器供油的最大优点就是燃油供给控制十分精确，让发动机在任何状态下都能有正确的空燃比，不仅让发动机保持运转顺畅，其废气也能合乎环保法规的规范。

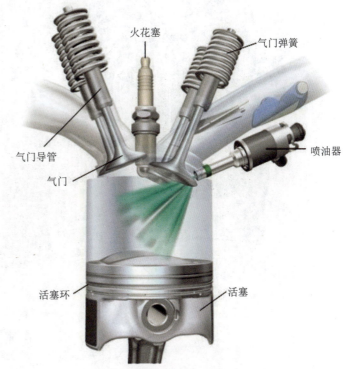

火花塞
气门弹簧
气门导管
气门
喷油器
活塞环
活塞

缸内直喷结构原理图

6-14

什么是多点缸外喷射？

现在的汽车大都采用多点缸外喷射，所谓多点缸外喷射就是有多少个气缸就有多少个喷油器（并不像有些人所说的每个喷油器上有多个喷油孔），并且喷油器将加压的燃油喷射在进气歧管内。那具体是如何工作的呢？也就是每个缸的喷油器在发动机 ECU 的控制下，按照各缸的工作顺序依次将燃油喷射在进气歧管内（进气门后面），并与空气形成可燃混合气。当进气门打开时，可燃混合气便被吸入气缸并燃烧做功。

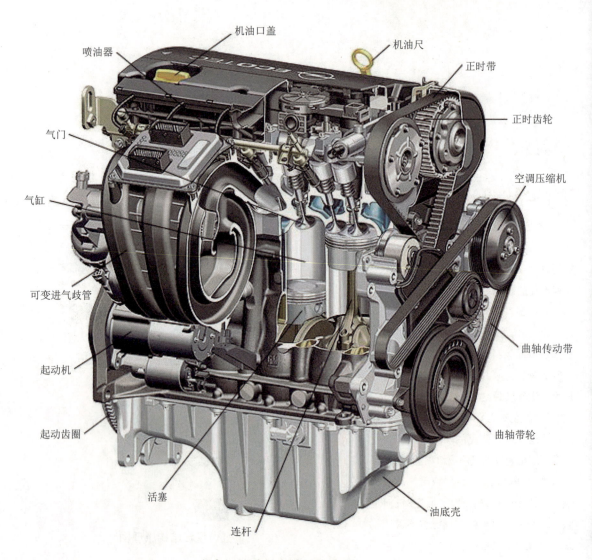

机油口盖　喷油器　机油尺　正时带　正时齿轮　气门　空调压缩机　气缸　可变进气歧管　起动机　曲轴传动带　起动齿圈　曲轴带轮　活塞　连杆　油底壳

多点缸外喷射发动机构造图

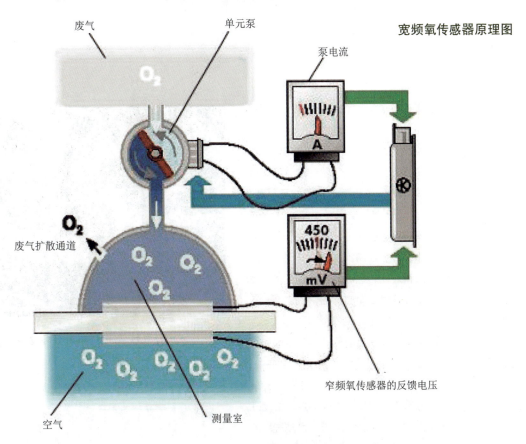

宽频氧传感器原理图

废气 单元泵 泵电流

O₂

O₂
废气扩散通道
O₂ O₂
O₂

空气 测量室

450 mV

窄频氧传感器的反馈电压

宽频氧传感器

6-15

宽频氧传感器是什么原理?

　　氧传感器的作用是监测尾气中氧的浓度,并将信息反馈给发动机 ECU,ECU 来修正喷油量,实现发动机的闭环控制,减少有害气体的排放。随着发动机电控技术的发展,普通的 4 线制氧传感器由于其检测范围的局限性,已不能满足汽车工况的需求,因而宽频氧传感器在汽车上的应用越来越广泛。

　　在宽频氧传感器原理图中,废气流通过测量室,只有当"测量室氧浓度"是标准空燃比 14.7 时,窄频氧传感器的反馈电压才在 0.45V,这时,ECU 控制单元泵不泵气,也不排出测量室内的氧气,信号电压在 1.50V 左右。

　　当混合气浓时,测量室内的氧气浓度会低,窄频氧传感器电压高于 0.45V 时,ECU 识别后让泵电流改变方向,这时向测量室内泵入氧气,电流越大,泵入

氧气越多,测量室内氧气变多,浓度恢复到窄频氧传感器的反馈电压为 0.45V 时,泵电流大小即可反映废气中氧的浓度,信号电压在 1.00 ~ 1.50V 之间。

　　当混合气稀时,测量室内的氧气浓度会高,窄频氧传感器电压低于 0.45V 时,ECU 识别后让泵电流改变方向,电流越大,排出越多,测量室内氧气变少,浓度恢复到窄频氧传感器的反馈电压为 0.45V 时,泵电流大小即可反映废气中氧的浓度,信号电压在 1.50 ~ 2.00V 之间。

第六章 供给系统

6-16

为什么进气歧管可变?

汽车发动机的工作转速间隔高达数千转,各工况所需的进气不尽相同,这对普通的进气歧管是个极大的考验。于是,工程师们通过设计让进气歧管"变"起来。进气歧管可变是通过改变进气歧管的长度或截面积,提高燃烧效率,使发动机在低转速时更平稳、转矩更充足,高转速时更顺畅、功率更强大。

右图是进气歧管长度可变的设计,其原理是当发动机在低转速运转时,黑色控制阀关闭,气流被迫从长歧管流入气缸,以适应低转速时的进气情况。当发动机转速上升到一定程度时控制阀开启,气流绕开下部导管直接注入气缸,这更利于高速进气。

下图是进气歧管截面积可变的设计,其原理和小时候我们都玩过的自来水管一样,将水管前端捏扁,自来水的压力会变得非常大。当发动机在高转速时使用较大的进气歧管截面积,以提高进气流量。在发动机低转速时使用较小的进气歧管截面积,提高气缸的进气负压,也能在气缸内充分形成涡流,让空气与汽油更好地混合。

进气歧管截面积可变示意图

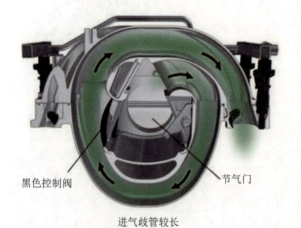

黑色控制阀　　节气门

进气歧管较长

进气歧管较短

进气歧管长度可变示意图

6-17

为什么排气歧管奇形怪状？

新鲜空气与汽油混合进入发动机燃烧后，产生高温高压的气体推动活塞做功，当气体能量释放后，对发动机就不再有价值，这些气体就成为废气被排出气缸。废气自气缸排出后，最先碰到的就是排气歧管，排气歧管在设计上最重要的是避免各气缸间的排气相互干扰，使废气尽可能地完全排出缸外。做成奇形怪状的原因是使废气在管道内产生涡流，不但强制性地驱出了废气，提高了排气速度，也进一步提高了消声效果。虽然排气歧管奇形怪状，但各缸的排气歧管长度及弯度也要设计成尽量相同，使各缸的排气都能一样的顺畅。

排气歧管

排气歧管垫

形状各异的排气歧管

形状各异的排气歧管

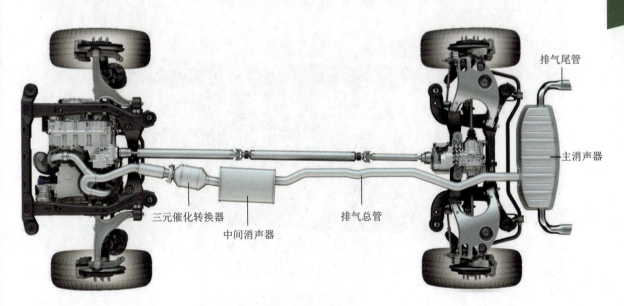

排气尾管

主消声器

三元催化转换器

中间消声器

排气总管

排气系统示意图

6-18

什么是直排排气？

直排排气，即从排气歧管出来，去掉三元催化转换器段和尾排，直接把废气排到空气中，这样的排放效果好，提升高转速功率，但中低转速转矩不尽如人意，会损失一定的转矩，比较适合长时间跑高速或赛车道，声音一般在 100 分贝以上，车行驶振动感也比较明显，同时没有经过处理的废气会造成严重的空气污染。改装后的直排排气管一般噪声增大，尾气排放超标。

直排排气系统

6-19

排气管能喷火吗？

在转弯或减速等松加速踏板的情况下，发动机 ECU 会控制喷油嘴向气缸内喷入大量的汽油，但是不会点火，让这些未经燃烧的雾状汽油直接进入温度极高（800～900℃）的排气系统。当雾状的汽油进入之后会因为碰到高温而自动引爆，利用产生的压力推动涡轮叶片持续加速，让车子即使在减速的情况下也能维持涡轮叶片的转速（14000～20000r/min），从而消除涡轮迟滞的现象，让车子既拥有涡轮增压的功率又拥有自然吸气的顺畅。而且，强大的爆炸火焰也会顺着排气管一路冲向尾管，因此，我们会看到排气管内有火花喷出。

排气管喷火示意图

排气管喷火示意图

排气管喷火示意图

6-20

EVAP 是什么原理?

油箱中的燃油因外部空气和排气管的热辐射变热,加之从系统回油管流回的过量燃油,它在流过发动机零部件时,这些部件已被热的发动机辐射加热,结果油箱中的燃油受热挥发,这就产生了排放物,它主要就是油箱中的燃油蒸气。

EVAP 的中文含义为油箱蒸发物排放控制系统。该系统配备有安装在油箱通风管末端的活性炭罐,利用炭罐中的活性炭吸附燃油蒸气,为了使活性炭罐在饱和后具有再生功能,在发动机运行时,进气管中产生的真空将这股新鲜空气和汽油蒸气经过炭罐吸入进气管,并带到发动机中以供燃烧。为了使空燃比控制更精确和利于自诊断,在与进气管相通的导管上安装了炭罐电磁阀,以计算这股再生"清洁"气流。

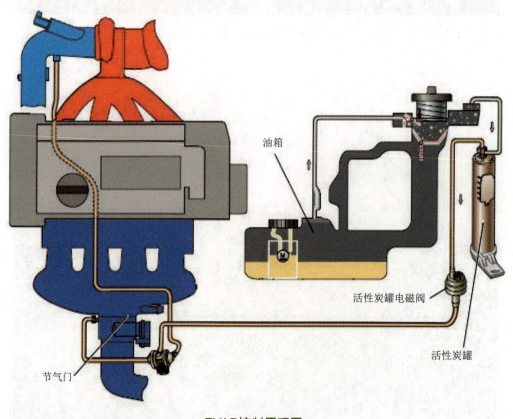

油箱

活性炭罐电磁阀

活性炭罐

节气门

EVAP控制原理图

6-21

什么是柴油机高压共轨？

柴油发动机的供油方式有三种：分配泵喷射、高压共轨喷射、泵喷嘴喷射。

高压共轨技术是指在由高压油泵、压力传感器和ECU组成的闭环系统中，将喷射压力的产生和喷射过程彼此完全分开的一种供油方式。高压油泵把高压燃油输送到燃油导轨（公共供油管），通过对燃油导轨内的油压实现精确控制，使高压油管压力大小与发动机的转速无关，可以大幅度减小柴油机供油压力随发动机转速的变化，因此，也就减少了传统柴油机的缺陷。

简单地说，高压共轨就是将所有的喷油器连接到一个公共油轨上，油轨中时刻维持着非常高的喷射压力，喷油器的开启和关闭完全靠电磁阀来实现，可对喷油量实现精确控制。喷油量的大小取决于燃油导轨（公共供油管）压力和电磁阀开启时间的长短。

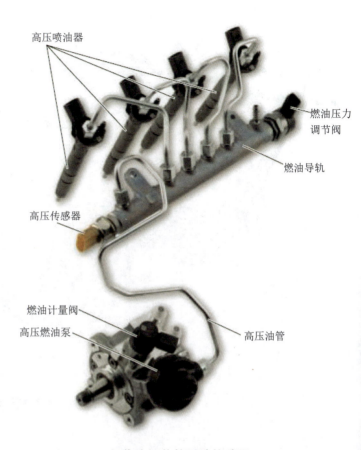

高压喷油器
燃油压力调节阀
燃油导轨
高压传感器
燃油计量阀
高压燃油泵
高压油管

L4柴油机共轨系统构造图

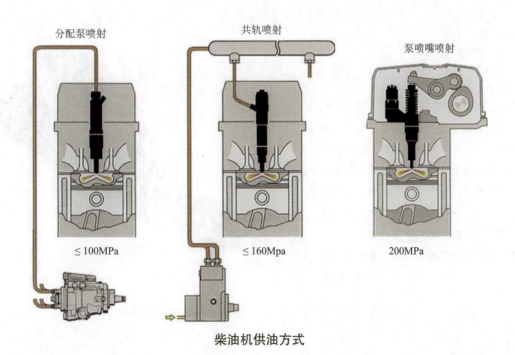

分配泵喷射 ≤100MPa
共轨喷射 ≤160MPa
泵喷嘴喷射 200MPa

柴油机供油方式

第六章 供给系统

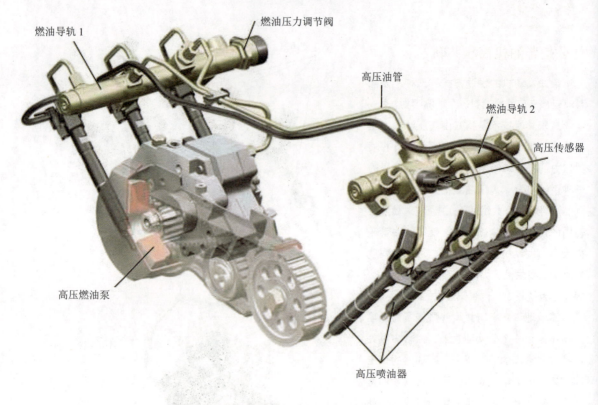

燃油导轨 1

燃油压力调节阀

高压油管

燃油导轨 2

高压传感器

高压燃油泵

高压喷油器

V6柴油机共轨系统构造图

6-22

泵喷嘴技术有什么优势?

　　所谓泵喷嘴就是将喷油泵、控制单元和喷油器组合在一起,它集成在缸盖上,每个缸都有一个。由于无高压油管,所以,可消除长的高压油管中压力波和燃油压缩的影响,高压容积大大减少,因此,可产生所需的高喷射压力,一般可达 200MPa 左右,如此大的压力可提高燃烧质量。

　　我们经常看到轿车尾部有 TDI 标志,其中 DI 为红色标记的轿车装备的就是泵喷嘴喷射系统。

泵喷嘴

第七章

起动系统

当我们需要发动机运转时，就需要有个装置对其进行"唤醒"，这就是起动系统。它能使"熟睡"的发动机立即投入到"工作"状态，以满足我们驾驶的要求。

7-1

起动系统包括哪些部件？

要使发动机由静止状态过渡到工作状态，必须先用外力转动发动机的曲轴，使活塞作往复直线运动，气缸内的可燃混合气燃烧膨胀做功，推动活塞向下运动使曲轴旋转，发动机才能自行运转，工作循环才能自动进行。因此，曲轴在外力作用下开始转动到发动机开始自动地怠速运转的全过程，称为发动机的起动。完成起动过程所需的装置，称为发动机的起动系统。

目前，几乎所有的汽车发动机都采用电力起动系统，它由蓄电池、点火开关、起动继电器、起动机等组成。

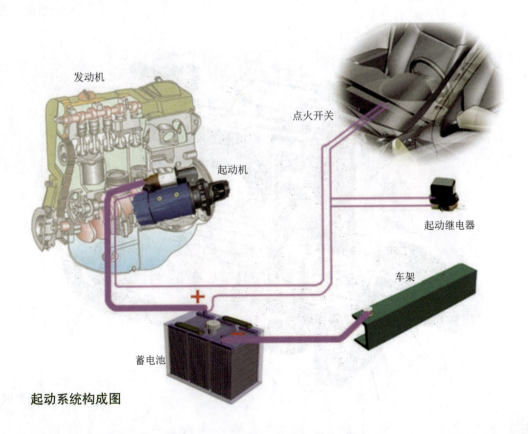

发动机

点火开关

起动机

起动继电器

车架

蓄电池

起动系统构成图

7-2

起动机有哪些部件?

起动机(starter)又叫马达,它由直流电动机产生动力,经起动齿轮传递动力给飞轮齿圈,带动飞轮、曲轴转动而起动发动机。

众所周知,发动机的起动需要外力的支持,起动机就是在扮演着这个角色。大体上说起动机一般由三部分组成:

1)直流电动机,其作用是将蓄电池输入的电能转换为机械能,产生电磁转矩。

2)传动机构,其作用是在发动机起动时,使起动机驱动齿轮啮入飞轮齿圈,将起动机的转矩传给发动机曲轴,而发动机起动后,使驱动齿轮打滑或与飞轮齿圈自动脱开。

3)控制装置,用来接通或切断电动机与蓄电池之间的电路。

起动机

磁力开关

直流电动机

驱动齿轮

起动机构造图

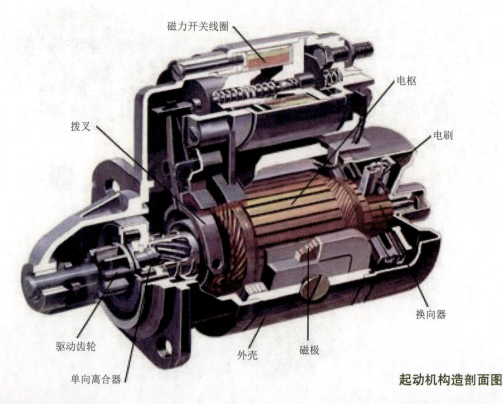

磁力开关线圈

电枢

电刷

拨叉

换向器

驱动齿轮

外壳

磁极

单向离合器

起动机构造剖面图

7-3

电动机是转换器吗？

起动机的直流电动机是将电能转换为机械能而产生电磁转矩，可将其看作转换器。它主要由磁极、电枢、换向器、电刷和外壳等组成。

1）磁极：磁极由固定在外壳上的磁极铁心和磁场绕组组成，其作用是产生电枢转动时所需要的磁场。

2）电枢：电枢由外圆带槽的硅钢片叠成的铁心和电枢绕组组成。

3）换向器：换向器装在电枢轴上，它由许多换向片组成。换向片嵌装在轴套上，各换向片之间均用云母绝缘。

电枢及换向器

4）电刷：电刷装在端盖上的电刷架中，电刷弹簧使电刷与换向片之间具有适当的压力以保持配合。电刷和换向器配合使用，用来连接磁场绕组和电枢绕组的电路，并使电枢轴上的电磁力矩保持固定方向。

5）外壳：外壳是磁极和电枢的安装机体，同时起动机的电磁开关也安装在外壳上，其上有一绝缘接线端，是电动机电流的引入线。

7-4

电动机是如何工作的？

两片换向器片分别与环状线圈的两端连接，电刷一端与两换向器片相接触，另一端分别接蓄电池的正极和负极。在环状线圈中电流的方向交替变化，用左手定则判断可知，环状线圈在电磁力矩作用下按顺时针方向连续转动。这样在电源连续对电动机供电时，其线圈就不停地按同一方向转动。

为了增大输出力矩并使运转均匀，实际的电动机中电枢采用多匝线圈，随线圈匝数的增多换向片的数量也要增多。

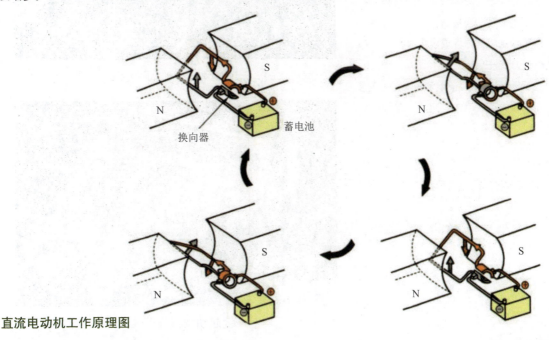

直流电动机工作原理图

7-5

什么是发动机远程起动?

　　无钥匙起动的方式可分为两类：一类是按钮式，点火按钮位于中控台伸手可及之处，因此也称"一键起动"，例如宝马、奔驰等；另一类是旋钮式，一般就位于原始的钥匙插口处，但是无须插车钥匙，直接拧动旋钮即可起动，例如日产、马自达等。但无论是按钮式还是旋钮式，都必须在接收到智能钥匙的存在时才能起动，这种感应距离一般在 50 厘米左右。

　　无钥匙起动采用无线射频识别技术，通过车主随身携带的智能钥匙里的芯片感应自动开关门锁，也就是说当您走近车辆一定距离时，门锁会自动打开并解除防盗；当您离开车辆时，门锁会自动锁上并进入防盗状态。一般装备有无钥匙进入系统的车辆，其车门把手上有感应按钮，同时也有钥匙孔，以防智能钥匙损坏或没电时，车主仍可用普通方式开启车门。

7-6

无钥匙起动是如何工作的?

　　无钥匙起动（也称一键起动）采用无线射频识别技术，通过车主随身携带的智能钥匙里的芯片感应自动开关门锁，也就是说当您走近车辆一定距离时，门锁会自动打开并解除防盗；当您离开车辆时，门锁会自动锁上并进入防盗状态。

　　一般装备有无钥匙进入系统的车辆，其车门把手上有感应按钮，同时也有钥匙孔，以防智能钥匙损坏或没电时，车主仍可用普通方式开启车门。

　　无钥匙起动的按钮或旋钮必须在感应到智能钥匙的存在时才能起动，这种感应距离一般在 50 厘米左右。

一键起动按钮位于中控台

一键起动按钮位于仪表台

7-7

起动时间为什么不要超过 5 秒？

起动机是汽车上大的用电设备，其起动电流一般为 200 ~ 600A，如果长时间起动，线路会过热，并且对蓄电池的损害也非常大，因此，起动时间最好不要超过 5 秒。如果到 5 秒了没有起动，可以停 15 秒以上再起动一次，如果试了 3 次以上都打不着，那就有故障了。

另外，为了顺利起动，可先将点火开关打到 ON 挡位置，不起动发动机，稍等片刻，待汽油泵运转一会儿再起动，这会使燃油系统建压，便于顺利起动。

7-8

起动机是如何工作的？

当起动电路接通后，吸引、保持线圈同时通电，保持线圈的电流经起动机接线柱进入，经线圈后直接搭铁，吸引线圈的电流也经起动机接线柱进入，但通过线圈后未直接搭铁，而是进入电动机，经电动机后再搭铁。两线圈通电后产生较强的电磁力，克服弹簧弹力使活动铁心移动，一方面通过拨叉带动驱动齿轮移向飞轮齿圈并与之啮合，另一方面推动接触盘移向两个主接线柱触点，在驱动齿轮与飞轮齿圈进入啮合后，接触盘将两个主触点接通，使电动机通电运转。在驱动齿轮进入啮合之前，由于经过吸引线圈的电流经过了电动机，所以，电动机在这个电流的作用下会产生缓慢旋转，以便于驱动齿轮与飞轮齿圈进入啮合。在两个主接线柱触点接通之后，蓄电池的电流直接通过主触点和接触盘进入电动机，使电动机进入正常运转，此时，通过吸引线圈的电路被短路。因此，吸引线圈中无电流通过，主触点接通的位置靠保持线圈来保持。发动机起动后，切断起动电路，保持线圈断电，在弹簧的作用下，活动铁心回位，切断了电动机的电路，同时也使驱动齿轮退出与飞轮齿圈啮合。

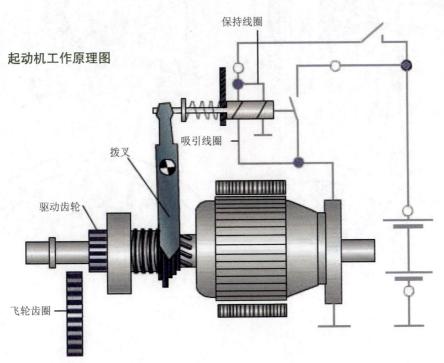

起动机工作原理图

保持线圈

吸引线圈

拨叉

驱动齿轮

飞轮齿圈

第七章　起动系统

7-9

什么是飞散保护装置?

　　起动机的单向离合器原理是单向接合，反向脱开。当起动时，拨叉动作将离合器推出，使驱动齿轮啮入飞轮齿圈后，电动机通电，再通过单向离合器带动曲轴旋转，由于这时电动机的转速高于发动机（发动机相对静止或在起动前转速很低）的转速，从而起动发动机。当发动机起动后，由于发动机的转速高于电动机的转速，则飞轮齿圈带动驱动齿轮高速旋转，驱动齿轮通过单向离合器相对于飞轮齿圈就是反向转动，所以就把起动电动机与发动机的转动脱开，各自自由转动，起飞散保护作用，避免损坏电动机。

飞散保护装置

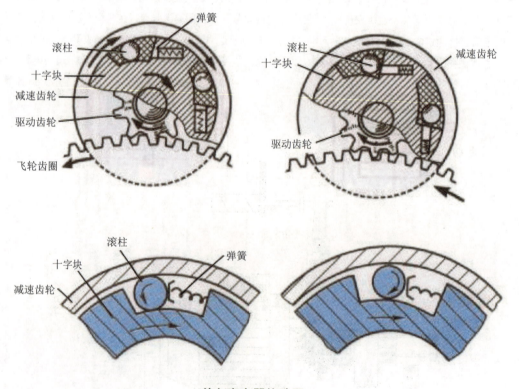

单向离合器构造图

7-10

如何实现发动机自动起停？

　　发动机自动起停就是在车辆行驶过程中临时停车（例如等红灯）的时候，自动熄火。当需要继续前进的时候，系统自动重起发动机的一套系统。起停技术就是致力于最大限度减少发动机怠速时燃油的损耗，避免这部分能源的浪费，同时对节省能源与降低排放有着重要的意义。

　　对于手动变速器的车辆来说，当遇到红灯或堵车时，驾驶人制动使车辆停下来后，将变速杆换入空挡并完全释放离合器踏板，这时控制系统会自动将发动机熄火。当绿灯放行后，驾驶人踩下离合器踏板，发动机则自动重新起动，挂入挡位后即可前行。而自动挡车型操作更为简单，当变速器处于 D 位时，驾驶人只要施加制动使车辆停止大概两秒钟后发动机就会自动熄火。在释放制动后或者转动方向盘，发动机将自动起动，立即又可以踩加速踏板起步。

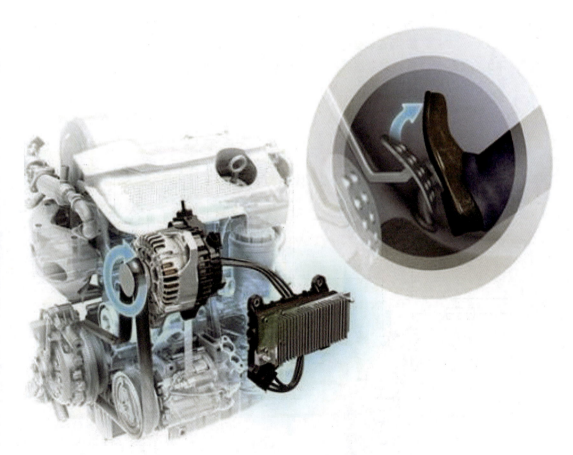

发动机自动起停示意图

第八章

点火系统

点火系统是汽油机所特有的，而柴油机由于是压燃着火，也就没有点火系统。点火系统将发动机吞入"胃"里的可燃混合气点着，从而引起"胃胀"，使发动机产生做功能量。

点火系统包括哪些部件？

汽车点火系统是汽油发动机为了正常工作，按照各缸点火次序，定时地供给火花塞以足够高能量的高压电（大约 15000 ~ 30000V），使火花塞产生足够强的火花，点燃可燃混合气。

传统点火系统主要由点火线圈、火花塞、高压线、分电器、点火开关及控制电路等组成。现代轿车大多采用无分电器式电子点火系统。

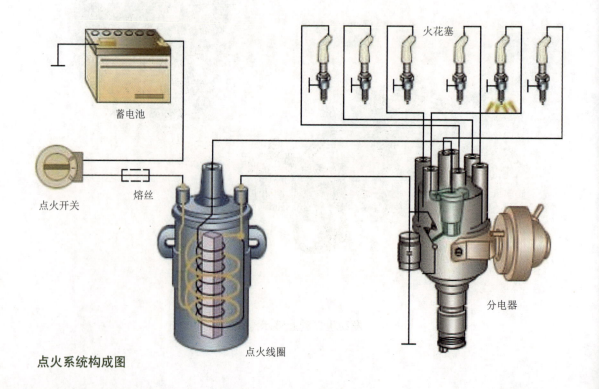

火花塞

蓄电池

点火开关　　熔丝

点火线圈

分电器

点火系统构成图

8-2

火花塞是引爆高手吗?

要想气缸内的"爆炸"威力更大,适时的点火就非常重要了,而气缸内的火花塞就是扮演"引爆"的角色。火花塞的主要部件是绝缘体、接线柱和电极,而火花塞电极包括中央电极和侧电极,两者之间的间隙为火花塞间隙,一般不到 1mm。

其实,火花塞点火的原理有点类似雷电,火花塞头部有中央电极和侧电极(相于两朵带相反极性离子的云),两个电极之间有个很小的间隙,当通电时能产生高达 1 ~ 3 万伏的电火花,可以瞬间"引爆"气缸内被压缩后温度非常高的可燃混合气。

另外,在发动机正常运转时,火花塞的绝缘体裙部温度为 500 ~ 750℃,这样落在绝缘体上的油滴能立即烧去,防止积炭的生产,因此,这个温度也被称为火花塞的自洁温度。当温度过低时,火花塞的绝缘体裙部容易产生积炭,最终引起漏电以至于产生缺火现象;如果温度过高,容易引起早燃和发动机爆燃。

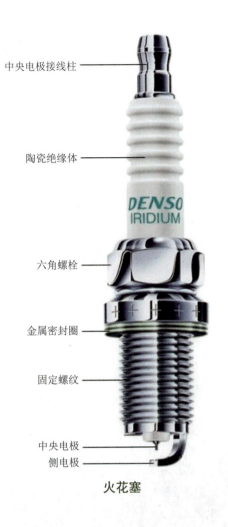

中央电极接线柱
陶瓷绝缘体
六角螺栓
金属密封圈
固定螺纹
中央电极
侧电极

火花塞

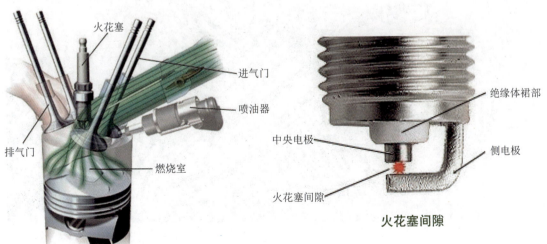

火花塞
进气门
喷油器
排气门
燃烧室

火花塞在发动机中的安装位置

绝缘体裙部
中央电极
侧电极
火花塞间隙

火花塞间隙

第八章 点火系统

表面点火与爆燃有什么区别？

　　表面点火是在发动机工作时，气缸内混合气不是被火花塞点燃，而是被燃烧室内局部机件炽热表面及炽热的高温点（其温度在 850℃以上）所点燃。其外部特征与爆燃燃烧相似，有强烈而沉闷的敲击声，而且工作不正常，负荷增加，加剧了零部件的磨损，对发动机有严重的破坏作用。

　　产生表面点火的原因：燃烧室中有炽热表面，如过热的排气门、过热的火花塞电极、燃烧室内积炭等。

　　表面点火与爆燃的区别在于：表面点火是混合气为炽热表面所点燃的结果，而爆燃燃烧是未燃混合气因受已燃混合气的加热压缩而引起自燃的结果，它发生在火花点火之后，并有压力波产生。表面点火的加剧可以引起爆燃，而爆燃又将形成更多的炽热表面，使表面点火更为剧烈。

气门

柴油机有火花塞吗？

　　柴油机是燃烧柴油来获取能量释放的内燃机。它是由德国发明家鲁道夫·狄塞尔（Rudolf Diesel）于1892年发明的，为了纪念这位发明家，柴油就是用他的姓Diesel来表示，柴油机也被称为狄塞尔发动机。

　　柴油机在进气行程中吸入的是纯空气，在压缩行程接近终了时，柴油经喷油泵将油压提高到100bar以上，通过喷油器喷入气缸，在很短的时间内与压缩后的高温空气混合，形成可燃混合气。由于柴油机压缩比高（一般为16～22），所以，压缩终了时气缸内的空气压力可达35～45bar，同时温度高达500～800℃，大大超过了柴油的自燃温度。因此，柴油在喷入气缸后，在很短时间内与空气混合后便立即自行燃烧。气缸内的气压急速上升到60～90bar，温度也升到1800～2300℃。燃烧所产生的高温高压燃气在气缸内膨胀，推动活塞向下运动并带动曲轴旋转而做功。因此，柴油机没有点火线圈、火花塞等，也就没有点火系统。

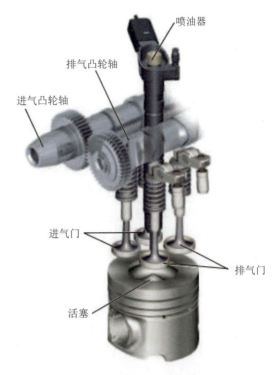

喷油嘴在发动机中的安装位置

柴油发动机构造图

第八章 点火系统

8-5

什么是双缸同时点火?

　　双缸同时点火方式是指两个气缸合用一个点火线圈，因此，这种点火方式只能用于气缸数目为偶数的发动机上。如果在4缸汽油机上，当两个气缸的活塞同时接近上止点时（一个是压缩，另一个是排气），两个火花塞共用同一个点火线圈且同时点火，这时候一个是有效点火，另一个则是无效点火。前者处于高压低温的混合气之中，后者处于低压高温的废气中，因此，两者的火花塞电极间的电阻完全不一样，产生的能量也不一样，导致有效点火的能量大得多，约占总能量的80%左右，所以，可以可靠点火。

双缸同时点火用点火线圈

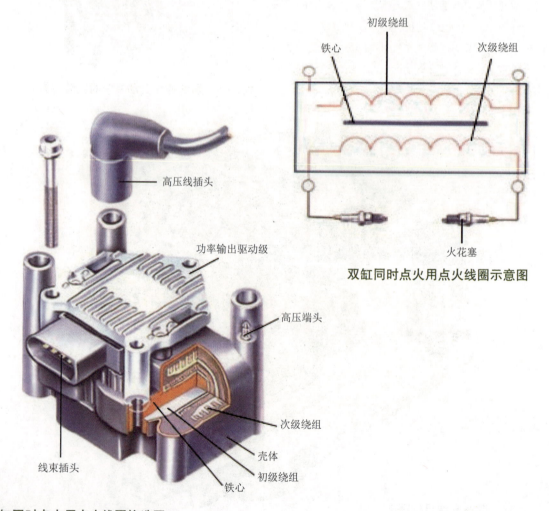

双缸同时点火用点火线圈示意图

铁心　初级绕组　次级绕组　火花塞

高压线插头
功率输出驱动级
高压端头
次级绕组
壳体
初级绕组
铁心
线束插头

双缸同时点火用点火线圈构造图

单缸独立点火有什么优势?

　　独立点火,英文为 Coil On Plug,简称为 COP,Coil On Plug 中文直译为线圈在火花塞上,线圈直接安装在火花塞上,即一个气缸分配一个点火线圈,这样还取消了高压线,俗称独立点火。

　　单缸独立点火方式适用于任何缸数的发动机,特别适合每缸 4 气门的发动机使用。因为点火线圈和火花塞"合二为一"可安装在双顶置凸轮轴(DOHC)的中间,充分利用了间隙空间。由于取消分电器和高压线,能量传导损失及漏电损失极小,没有机械磨损,而且各缸的点火线圈和火花塞装配在一起,外用金属包裹,大幅减少了电磁干扰,可以保障发动机电控系统的正常工作。

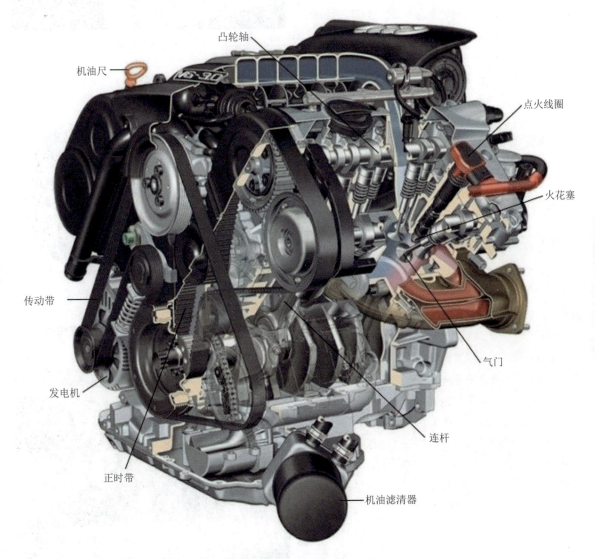

单缸独立点火发动机构造图

第八章　点火系统

8-7

爆燃对发动机有什么影响?

爆燃燃烧是汽油机最主要的一种不正常燃烧,它是在火焰还没到来之前,由于某种原因(比如积炭或燃油牌号过低等)气缸内多点同时着火,局部压力和温度猛增,压力波在气缸内高频振荡,火焰传播速度在强烈爆燃时高达 1000m/s。

现在,许多车厂为了将发动机压榨出最大的性能及降低油耗,通常会把常用转速范围的点火角设定得比较提前,所以,有些发动机在 2000 ～ 3000r/min 间负荷较大时,难免会有轻微的爆燃,然而轻微的爆燃对发动机不会有太大的影响,车主也不用过于担心。但是若因为发动机出问题所产生的爆燃,如严重积炭或散热不良等,这种爆燃通常很严重,如果是在高转速高负荷发生连续且严重的爆燃,不出一分钟,轻则火花塞、活塞及气门等熔损,严重的甚至连气缸及发动机本体都会炸穿。

混合气燃烧

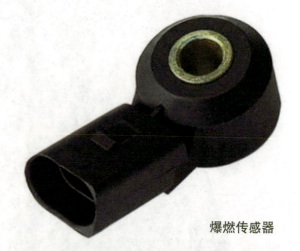

爆燃传感器

8-8

爆燃传感器能精确控制点火吗?

发动机工作时因点火时间提前过度(点火提前角过大)、发动机的负荷、温度及燃料的质量等影响,会引起发动机爆燃。发生爆燃时,由于气体燃烧在活塞运动到上止点之前,轻者产生噪声及降低发动机的功率,重者会损坏发动机的机械部件。为了防止爆燃的产生,爆燃传感器是不可缺少的重要部件,以便通过电子控制系统去调整点火提前时间。

发动机发生爆燃时,爆燃传感器把发动机的机械振动转变为信号电压送至 ECU。ECU 根据其内部事先储存的点火及其他数据,及时计算修正点火提前角,去调整点火时间,防止爆燃的发生。

爆燃传感器

爆燃传感器安装位置示意图

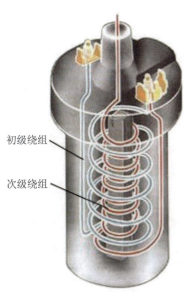

初级绕组

次级绕组

传统点火线圈构造图

传统点火线圈

8-9

点火线圈是变压器吗？

　　点火线圈之所以能将车上的低压电变成高压电，是由于有与普通变压器相同的形式，即点火线圈里面有两组绕组：初级绕组和次级绕组。次级绕组通常用 0.1mm 左右的漆包线绕 15000 ～ 25000 匝左右；初级绕组通常用 0.5 ～ 1mm 左右的漆包线在次级绕组外绕 200 ～ 500 匝左右。初级绕组一端与车上低压电源连接，另一端与点火器连接；次级绕组一端与初级绕组连接，另一端与高压线输出端连接并输出高压电。

　　点火线圈的工作原理就是变压器（升压器）的原理。初级绕组匝数少，次级绕组匝数多，在给初级绕组接通低压电后断开，由于互感原理，在匝数较多的次级绕组中会感应出几万伏的高压电。

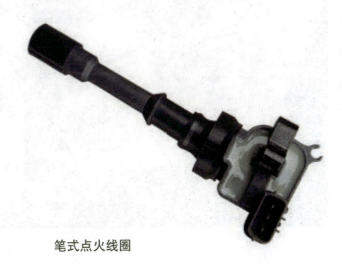

笔式点火线圈

8-10

点火提前角受哪些因素影响?

影响点火提前角的因素主要有发动机转速和发动机负荷。

当发动机转速高时，应增大点火提前角。这是由于在发动机转速升高时，在相同的时间内活塞的移动距离变大，曲轴转过的角度变大，如果燃烧速率不变，点火提前角应增大。

当发动机负荷大时，应减小点火提前角。这是由于在发动机负荷增大时，吸入气缸的混合气增多，压缩终了时的压力和温度增高，残余废气相对减少，混合气燃烧速度加快，点火提前角应减小。

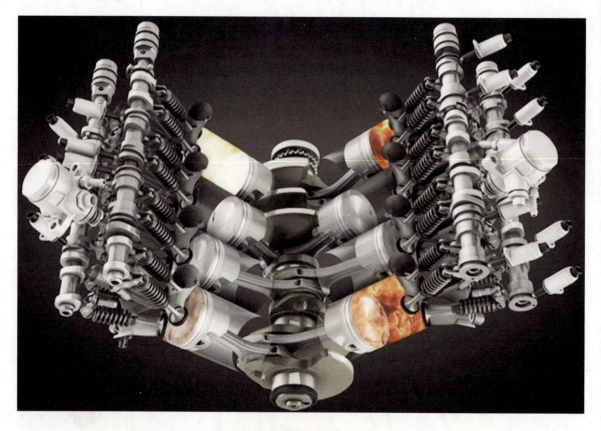

点火燃烧示意图

铂金火花塞

8-11

铂金火花塞有什么优势?

火花塞寿命往往用电极的消耗来衡量,火花塞的寿命定义为"直到电极不能跳正常的火花为止",可见电极的消耗对火花塞寿命的影响之大。

铂金火花塞的电极采用的就是铂金,其寿命是普通火花塞寿命的 5 倍,铂金火花塞的平均寿命能达到 16 万公里。铂金电极火花塞的优越性主要有以下几个方面:

1)提高了发火性。

2)提高了跳火性能。

3)容易稳定在燃烧的最佳工作温度内。

4)扩大了热范围。

5)优良的耐久性。

铂金火花塞

铂金火花塞

8-12

什么是点火开关?

点火开关（Ignition Switch）主要用来接通和切断点火电路，同时还控制起动电路、发电机励磁电路、仪表电路及其他辅助电气设备的电路，是汽车电路中的一个重要的控制开关。

点火开关通常有 LOCK、ACC、ON、START 四个挡位。

1）LOCK 挡，一般的点火钥匙放到这个挡位就等于锁死了方向盘，方向盘不能有太大的活动。

2）ACC 挡，ACC 挡是可以使用部分用电设备的，如收音机、车灯等，但不可以使用空调等功率大的用电设备。

3）ON 挡，正常行车时点火钥匙处于 ON 状态，这时全车所有电路都处于工作状态。

4）START 挡，START 挡是发动机起动挡，起动后会自动恢复到 ON 挡。

点火开关

点火开关

点火开关及遥控钥匙

遥控钥匙